讲政治
——党员干部必须提高三种能力

主　编　尚传斌
副主编　鲁彩荣　王　锐

·北京·
中央党校出版集团·国家行政管理出版社

图书在版编目（CIP）数据

讲政治：党员干部必须提高三种能力 / 尚传斌主编 . —北京：国家行政管理出版社，2021. 3
ISBN 978-7-5150-2529-2

Ⅰ. ①讲… Ⅱ. ①尚… Ⅲ. ①中国共产党－干部教育－学习参考资料 Ⅳ. ①D262. 3

中国版本图书馆 CIP 数据核字（2021）第 015227 号

书　　名 讲政治——党员干部必须提高三种能力
JIANG ZHENGZHI——DANGYUAN GANBU BIXU TIGAO SAN ZHONG NENGLI
主　　编 尚传斌
副 主 编 鲁彩荣　王　锐
统筹策划 陈　科
责任编辑 陆　夏　曹文娟　刘　锦
出版发行 国家行政管理出版社
（北京市海淀区长春桥路 6 号　100089）
综 合 办 （010）68928903
发 行 部 （010）68922366　68928870
经　　销 新华书店
印　　刷 北京盛通印刷股份有限公司
版　　次 2021 年 3 月北京第 1 版
印　　次 2021 年 3 月北京第 1 次印刷
开　　本 170 毫米×240 毫米　16 开
印　　张 14
字　　数 206 千字
定　　价 45. 00 元

本书编委会

编委会主任　韩庆祥

主　　　编　尚传斌

副 主 编　鲁彩荣　王　锐

编委会成员（按撰写章节排名）

尚传斌　赵俊华　苏志加

鲁彩荣　尹红英　王　锐

序言

旗帜鲜明讲政治，既是马克思主义政党的鲜明特征，又是我们党百年历史一以贯之的政治优势。我们党历来注重从政治上建设党。无论是从古田会议上毛泽东提出思想建党、政治建军原则，到党的七大提出首先着重在思想上、政治上进行建设，同时也在组织上进行建设，还是从新中国成立后毛泽东提出政治工作是一切经济工作的生命线，到改革开放后邓小平强调到什么时候都得讲政治，都表明注重从政治上建设党是我们党不断发展壮大、从胜利走向胜利的重要保证。

加强党的政治建设是一个永恒课题。在新时代党的建设总体布局中，政治建设居于第一位，是党的根本性建设，决定党的建设方向和效果。新时代加强党的建设，必须把党的政治建设摆在首位，必须以党的政治建设为统领。如果不抓党的政治建设或党的政治建设抓不好，那么党的其他建设就难以取得预期成效。党的十八大以来，以习近平同志为核心的党中央旗帜鲜明讲政治，把党的政治建设摆在了更加突出的位置，取得了广大人民群众高度认可的显著成绩。新时代加强党的政治建设，关键是要提高各级党组织和党员干部的政治能力，其重要目的是让广大党员干部始终做到旗帜鲜明讲政治，善于从政治上观察和处理问题，从政治上解决问题，把政治和能力有机统一起来，把认识世界和改造世界有机统一起来。这可谓“政治过硬、本领高强”。

旗帜鲜明讲政治是党员干部的立身之本。2018 年 11 月 26 日，习近平总书记在十九届中央政治局第十次集体学习时的讲话中指出：“政治上有问题的人，能力越强、职位越高，危害就越大。政治品德不过关，就要一票否决。”作为一名新时代党员干部尤其是领导干部，必须理直气壮讲政治、一以贯之讲政治。始终做到旗帜鲜明讲政治，必须牢记“一个前提”、“一个根本”和“一个核心”。所谓“一个前提”，是指旗帜鲜明讲政治必须把准政治方向；所谓“一个根本”，是指旗帜鲜明讲政治必须严以律己；所谓“一个核心”，是指旗帜鲜明讲政治必须不断提高“三种能力”：政治判断力、政治领悟力和政治执行力。以上这三个方面相互联系、相互作用，缺一不可。这里，讲政治又必须落实到“判断力”“领悟力”“执行力”上来，缺乏“判断力”“领悟力”“执行力”这三种核心能力，讲政治就是抽象的。

俗话说，“软肩膀挑不起硬担子”。党员干部要想做好本职工作、更好地履职尽责，必须有过硬的能力作支撑。新时代党员干部必备的能力包括政治能力、调查研究能力、科学决策能力、改革攻坚能力、应急处突能力、群众工作能力、抓落实能力。其中，政治能力位于“七种能力”之首，是党员干部最重要的能力。习近平总书记在 2020 年秋季学期中央党校（国家行政学院）中青年干部培训班开班式上发表重要讲话时强调：“在干部干好工作所需的各种能力中，政治能力是第一位的。有了过硬的政治能力，才能做到自觉在思想上政治上行动上同党中央保持高度一致，在任何时候任何情况下都能‘不畏浮云遮望眼’‘乱云飞渡仍从容’。”党的十八大以来，以习近平同志为核心的党中央从党和国家事业发展全局的高度，对提高党员干部政治能力问题提出了非常明确的要求。党的十九大报告指出，全党同志特别是高级干部要加强党性锻炼，不断提高政治觉悟和政治能力。那么，政治能力包含哪些方面呢？

2020 年 12 月 24 日至 25 日，中共中央政治局召开民主生活会，习近平总书记主持会议并发表重要讲话强调：“我们党要始终做到不忘初心、牢记使命，把党和人民事业长长久久推进下去，必须增强政治意识，善于从政治上看问题，善于把握政治大局，不断提高政治判断力、政治领悟力、政治执行力。”这是习近平总书记在讲话中第一次明确提出“政治三力”。2021 年 1 月 11 日，习近平总书记在省部级主要领导干部学习贯彻党的十九届五中全会精神专题研讨班开班式上发表重要讲话进一步强调：“各级领导干部特别是高级干部必须立足中华民族伟大复兴战略全局和世界百年未有之大变局，心怀‘国之大者’，不断提高政治判断力、政治领悟力、政治执行力，不断提高把握新发展阶段、贯彻新发展理念、构建新发展格局的政治能力、战略眼光、专业水平，敢于担当、善于作为，把党中央决策部署贯彻落实好。”2021 年 1 月 22 日，在十九届中央纪委五次全会上，习近平总书记再提“政治三力”，明确指出：“全面从严治党首先要从政治上看，不断提高政治判断力、政治领悟力、政治执行力。”至此，习近平总书记在一个月的时间之内三次强调提高“政治三力”，其重要性不言而喻。2021 年 2 月 20 日，习近平总书记在党史学习教育动员大会上进一步强调，旗帜鲜明讲政治、保证党的团结和集中统一是党的生命，也是我们党能成为百年大党、创造世纪伟业的关键所在。要教育引导全党从党史中汲取正反两方面历史经验，坚定不移向党中央看齐，不断提高政治判断力、政治领悟力、政治执行力，自觉在思想上政治上行动上同党中央保持高度一致，确保全党上下拧成一股绳，心往一处想、劲往一处使。这些重要论述内涵丰富、博大精深，为新时代加强党员干部政治能力建设指明了方向，具有十分重要的政治意义、理论意义和现实意义。

政治判断力、政治领悟力和政治执行力，三者相互联系、相互贯通、相互作用、相辅相成，构成了一个逻辑严密的完整的政治能力体系，为党员干部如何提高政治能力提供了根本遵循，也把我们党对政治能力的认识提升到了新高度。当前，党员干部队伍的政治能力总体上是比较强的，但我们更应该清醒地看到，个别党员干部政治能力明显不足，与其所承担的领导职责不匹配。比如，在政治判断力方面，有的不善于从政治上观察分析问题，有的马克思主义立场不坚定，还有的对政治制度的显著优势认识不到位，因而在大是大非面前认识不清醒，作不出正确和精准的判断；在政治领悟力方面，有的对党中央精神没有学懂弄通，一知半解，知其然而不知其所以然，没有真正领会中央精神，有的对“国之大者”心中无数，对党中央的要求置若罔闻；在政治执行力方面，有的贯彻落实党中央决策部署不坚决、打折扣、搞变通，有的责任意识不强，与党中央要求的“知责于心、担责于身、履责于行”还有很大差距……以上这些问题必须引起高度重视。所以，习近平总书记明确要求“讲政治必须提高三种能力”具有极强的问题意识和现实针对性，广大党员干部必须深刻学习领会“政治三力”的内涵、要求，并且在工作中做到知行合一、一以贯之。

《讲政治——党员干部必须提高三种能力》一书，以习近平新时代中国特色社会主义思想为指导，紧紧围绕党的十八大以来习近平总书记关于讲政治的一系列重要论述，坚持问题导向，理论与实践相统一，阐释与事例相结合，对新时代广大党员干部深刻领会习近平总书记关于讲政治的一系列重要论述、提高“政治三力”具有较高的参考价值。归纳起来，该书主要有以下三个鲜明特点：一是理论性强。全书各章节紧扣“旗帜鲜明讲政治”这条主线，注重运用马克思主义经典作家文献与思想，从领导学、政治学等多学科阐述相关问题，全方位、多视角地回答了新时代党员干部为什么必须讲政治，什么是“政治三力”以及如何提高“政治三力”等重大问题。二是逻辑性强。全书结构安排合理，逻辑清晰。全书分为上篇和下篇。上篇包含三章，主要阐述讲政治的极端重要性、讲政治的前提与根本；下篇包含三章，详细阐述党员干部讲政治必备的三种能力，且每一种能力分别从重大意义、能力不足的主要表现及原因、基本要求三个方面论述。每一章节既自成体系，又相互贯通，环环相扣。三是可读性强。该书内容丰富，形式多样，文中穿插了大量延伸阅读的故事、案例，深入浅出，可以帮助读者更好地理解书中内容。

该书由全国五家省级党校（行政学院）骨干教师共同参与完成，是党校（行政学院）系统教师集体智慧的结晶。该书六位作者长期在省级党校（行政学院）从事教学科研工作，有的教师长期担任校（院）教研部主任，有的教师在核心期刊、党报党刊发表多篇文章，有的教师在全国党员干部教育培训领域具有重要影响力。他们均具有扎实的理论功底和较高的教学科研水平，从而保证了该书高质量撰写、高质量出版。《讲政治——党员干部必须提高三种能力》一书既可以作为新时代广大党员干部及理论工作者深入学习、系统研究“政治三力”的辅导材料，又可以作为各级宣传部门、党校（行政学院）和各类干部院校的宣传、培训教材。

“责重山岳，能者方可当之。”党员干部敢于担当不仅需要信念、勇气，更需要具备过硬的政治判断力、政治领悟力和政治执行力。新时代党员干部必须按照习近平总书记的要求着力提高“政治三力”，树牢“四个意识”，坚定“四个自信”，做到“两个维护”。我们坚信，在以习近平同志为核心的党中央的坚强领导下，通过不断提高广大党员干部的“政治三力”，我们党必将团结带领全国各族人民实现“十四五”规划和二〇三五年远景目标，必将夺取全面建设社会主义现代化国家新胜利！

韩庆祥

第十三届全国政协委员

中共中央党校原校委委员

中共中央党校（国家行政学院）一级教授

中共中央党校（国家行政学院）专家工作室领衔专家

目录

上篇

下 篇

上　篇

概　述

政治属性是政党第一位的属性。我们党作为马克思主义政党，历来高度重视加强党的政治建设。党的百年奋斗历程深刻地说明，讲政治关乎我们党的前途命运。习近平总书记在省部级主要领导干部学习贯彻党的十八届六中全会精神专题研讨班开班式上发表重要讲话强调："我们党作为马克思主义政党，必须旗帜鲜明讲政治，严肃认真开展党内政治生活。"

旗帜鲜明讲政治，不管是对我们党，还是对一名党员干部都极为重要。首先，从党的建设来看，政治建设居于党的建设的第一位，政治纪律居于党的纪律的第一位；其次，从对党员干部的要求来看，政治意识居于"四个意识"的第一位，政治合格居于"四个合格"的第一位，政治品德居于党员干部品德的第一位，政治能力居于党员干部能力的第一位，政治标准居于选人用人标准的第一位。这"七个第一位"充分彰显了党员干部旗帜鲜明讲政治的极端重要性。当前，绝大多数党员干部能够旗帜鲜明讲政治，但仍有个别党员干部在政治上站不稳、靠不住。新时代党员干部必须要把讲政治贯穿党性锻炼全过程、履职尽责全过程，善于从政治上观察和处理问题，使讲政治的要求从外部要求转化为内在主动。

方向决定道路，道路决定命运。正确的方向是指南针、导航仪。坚持正确政治方向是党员干部旗帜鲜明讲政治的前提。毛泽东曾指出："共产党历来提倡坚定正确的政治方向。"[①] 邓小平也指出："在改革中

---

① 中共中央文献研究室：《毛泽东著作专题摘编》（下），中央文献出版社 2003 年版，第 2133 页。

坚持社会主义方向，这是一个很重要的问题。”[①] 党员干部要坚守什么政治方向呢？习近平总书记明确指出：“我们所要坚守的政治方向，就是共产主义远大理想和中国特色社会主义共同理想、‘两个一百年’奋斗目标，就是党的基本理论、基本路线、基本方略。”[②] 党员干部必须坚定不移沿着这个方向前进，如果在工作中偏离了这个方向，那旗帜鲜明讲政治也就无从谈起。党员干部坚持正确政治方向，必须始终坚持中国共产党领导和社会主义制度，决不能有任何迷糊和动摇！

“君子为政之道，以修身为本。”严以律己是党员干部旗帜鲜明讲政治的根本。中华优秀传统文化历来强调严以律己，历来把自律看作做人、做事、做官的基础和根本。常怀律己之心是做人的一种修养，更是做一名合格党员干部的必备条件。那么，何谓“严以律己”？习近平总书记明确指出：“严以律己，就是要心存敬畏、手握戒尺，慎独慎微、勤于自省，遵守党纪国法，做到为政清廉。”[③] 新时代党员干部必须不断强化自我修炼、自我约束，不断增强自制力，做到“心不动于微利之诱，目不眩于五色之惑”。党员干部严以律己，尤其要时刻自重自省自警自励，做到慎独慎初慎终慎微慎友。

新时代党员干部要深入学习贯彻习近平总书记关于旗帜鲜明讲政治的一系列重要论述，时刻绷紧讲政治这根弦，不断增强旗帜鲜明讲政治的思想自觉和行动自觉。具体来讲，在工作中必须严格遵守党的政治纪律和政治规矩，不断增强政治意识，不断加强政德修养，不断提高政治能力，切实做到党中央要求的政治合格，达到党中央要求的政治标准，自觉在思想上政治上行动上同以习近平同志为核心的党中央保持高度一致，永葆共产党人政治本色。

---

① 《邓小平文选》第三卷，人民出版社 1993 年版，第 138 页。

② 中共中央宣传部：《习近平新时代中国特色社会主义思想学习纲要》，学习出版社、人民出版社 2019 年版，第 226 页。

③ 中共中央文献研究室：《习近平关于协调推进“四个全面”战略布局论述摘编》，中央文献出版社 2015 年版，第 136 页。

第一章

旗帜鲜明讲政治的极端重要性：七个第一位

讲政治，是我们党补钙壮骨、强身健体的根本保证，是我们党培养自我革命勇气、增强自我净化能力、提高排毒杀菌政治免疫力的根本途径。

——习近平总书记在省部级主要领导干部学习贯彻党的十八届六中全会精神研讨班开班式上的讲话

政治问题，任何时候都是根本性的大问题。列宁说过："政治同经济相比，不能不占首位。不肯定这一点，就忘记了马克思主义的最起码的常识。"① 旗帜鲜明讲政治是中国共产党一以贯之的要求，也是百年大党的优良传统。我们党在百年奋斗历程中，为什么能不断发展壮大、从胜利走向新的胜利？其中一个极为重要的原因就是始终旗帜鲜明讲政治。毛泽东指出，"没有正确的政治观点，就等于没有灵魂"②。邓小平强调，"改革，现代化科学技术，加上我们讲政治，威力就大多了。到什么时候都得讲政治"③。讲政治如此重要，那么，中国共产党应该讲什么样的政治呢？

中国共产党是用马克思主义武装起来的政党，马克思主义是我们党的根本指导思想和行动指南。所以，我们党讲的政治首先是马克思主义的政治。同时，我们党讲的政治还是建设有中国特色社会主义的政治，是实现、维护和发展人民群众根本利益的政治。新时代的党员干部如何做到讲政治？习近平总书记强调："讲政治最根本就是要讲党性，在思想政治上讲政治立场、政治方向、政治原则、政治道路，在行动实践上讲维护党中央权威、执行党的政治路线、严格遵守党的政治纪律和政治规矩。"④ 这为新时代党员干部如何做到讲政治指出了明确方向。很多事实已经反复说明这样一个道理：对于一个政党来说，能否做到旗帜鲜明讲政治关系到其生死存亡；对于一名党员干部来讲，能否做到旗帜鲜明讲政治关系到其政治本色。关于旗帜鲜明讲政治的极端重要性，我们可以分别从政党的层面和党员干部的层面来深刻领会。

---

① 《列宁全集》第四十卷，人民出版社 2017 年版，第 282 页。

② 中共中央文献研究室：《毛泽东著作专题摘编》（下），中央文献出版社 2003 年版，第 1695 页。

③ 《邓小平文选》第三卷，人民出版社 1993 年版，第 166 页。

④ 本刊编辑部：《以党的伟大自我革命推动伟大社会革命》，《求是》2019 年第 19 期。

第一节　旗帜鲜明讲政治是马克思主义政党的根本要求

任何一个政党都有自己的政治使命、政治目标和政治追求。讲政治是马克思主义政党的突出特点和优势。列宁指出："一个阶级如果不从政治上正确地看问题，就不能维持它的统治，因而也就不能完成它的生产任务。"[①] 旗帜鲜明讲政治是我们党作为马克思主义政党的根本要求，关乎党的事业兴衰成败。习近平总书记在省部级主要领导干部学习贯彻党的十八届六中全会精神研讨班开班式上发表重要讲话强调，什么时候全党讲政治、党内政治生活正常健康，我们党就风清气正、团结统一，充满生机活力，党的事业就蓬勃发展；反之，就弊病丛生、人心涣散、丧失斗志，各种错误思想得不到及时纠正，给党的事业造成严重损失。关于马克思主义政党必须旗帜鲜明讲政治的重要性，我们可以通过以下"两个第一位"来深刻领会。

一、政治建设居于党的建设的第一位

我们党从成立之日起，就高度重视自身建设。高度重视和不断加强自身建设，是我们党从小到大、由弱到强，从挫折中奋起、在战胜困难中不断成熟的一大法宝。1939 年 10 月，毛泽东在《〈共产党人〉发刊词》中强调："十八年的经验，已使我们懂得：统一战线，武装斗争，党的建设，是中国共产党在中国革命中战胜敌人的三个法宝，三个主要的法宝。"并且，毛泽东在《〈共产党人〉发刊词》中第一次把党的建设称为"伟大的工程"。关于"伟大的工程"，习近平总书记在《求是》杂志发表的重要文章《推进党的建设新的伟大工程要一以贯之》中也明确

① 《列宁选集》第四卷，人民出版社 2012 年版，第 408 页。

指出，把党的建设作为一项伟大工程来推进，是我们党的一大创举，是我们党领导人民进行伟大社会革命的重要法宝。100 年来，正是通过不断加强党的建设，我们党才能始终保持先进性和纯洁性，始终走在时代前列，始终得到人民衷心拥护。那么，新时代党的建设主要包括哪些方面呢？党的十九大报告明确指出，全面推进党的政治建设、思想建设、组织建设、作风建设、纪律建设，把制度建设贯穿其中。新时代党的“六大建设”相互联系、相互促进，其中，政治建设第一次被纳入党的建设总体布局，是新时代党的建设总体布局中最重要的内容。

（一）深刻领会政治建设的极端重要性

政治属性是政党第一位的属性，政治建设也是政党建设第一位的要求。高度重视并不断加强政治建设是马克思主义政党建设的题中应有之义。党的政治建设旨在通过正确的政治纲领、政治路线、政治立场、政治目标，以及严明的政治纪律，保证全体党员具有高度的政治觉悟，坚持正确政治方向，维护党的团结统一，实现党肩负的政治使命。[①] 党的十八大以来，以习近平同志为核心的党中央旗帜鲜明讲政治，高度重视党的政治建设，把党的政治建设摆在了更加突出的位置。党的十九大报告明确指出，“把党的政治建设摆在首位”“以党的政治建设为统领”“政治建设是党的根本性建设”，这些重要论述很深刻地告诉我们，在新时代党的建设总体布局中，政治建设居于党的“六大建设”的第一位，是“灵魂”和“根基”，是最核心的建设，决定党的建设方向和效果。“大量事实表明，党内存在的各种问题，从根本上讲，都与政治建设软弱乏力，政治生活不严肃不健康有关。”[②] 实践使我们深刻认识到，如果在工作中不抓党的政治建设或党的政治建设抓不好，那么，党的其他建设就难以取得预期成效。

---

① 张忠军：《把党的政治建设摆在首位》，《求是》2018 年第 7 期。

② 中共中央党史和文献研究院、中央“不忘初心、牢记使命”主题教育领导小组办公室：《习近平关于“不忘初心、牢记使命”论述摘编》，党建读物出版社、中央文献出版社 2019 年版，第 116 页。

政治建设是一个永恒课题。为了切实加强新时代党的政治建设，2019年中共中央印发了《中共中央关于加强党的政治建设的意见》，深刻阐述了党的政治建设的一系列重大问题，是指导当前和今后一个时期加强党的政治建设的重要文件。《中共中央关于加强党的政治建设的意见》再次强调了政治建设的极端重要性，明确指出“党的政治建设是党的根本性建设，决定党的建设方向和效果，事关统揽推进伟大斗争、伟大工程、伟大事业、伟大梦想”。为什么要把政治建设作为党的根本性建设？习近平总书记在十九届中央政治局第六次集体学习时发表重要讲话强调，马克思主义政党具有崇高政治理想、高尚政治追求、纯洁政治品质、严明政治纪律。如果马克思主义政党政治上的先进性丧失了，党的先进性和纯洁性就无从谈起。[①] 这就是我们把党的政治建设作为党的根本性建设的道理所在。

（二）党员干部必须始终旗帜鲜明讲政治

党的十八大以来，在以习近平同志为核心的党中央的坚强领导下，党的政治建设取得了显著成绩。同时，我们更应该清醒地看到，党内存在的一些政治问题还没有得到根本解决。近年来查处的一些领导干部尤其是高级干部，绝大多数都有政治问题，如四川省委原副书记李春城、辽宁省委原书记王珉、陕西省委原书记赵正永等。又如中央政法委原书记周永康，重庆市委原书记薄熙来，中央军委原副主席郭伯雄，全国政协原副主席令计划等人，野心膨胀、阳奉阴违、拉帮结派，搞政治阴谋活动。所以，在新时代加强党的政治建设任重道远，必须把保证全党服从中央，坚持党中央权威和集中统一领导作为党的政治建设的首要任务。广大党员干部必须不断增强推进党的政治建设的自觉性和坚定性，努力成为党的政治建设的引领者、实践者和推动者。

新时代加强党的政治建设和党员干部旗帜鲜明讲政治，两者相辅相

---

① 中共中央宣传部：《习近平新时代中国特色社会主义思想学习纲要》，学习出版社、人民出版社2019年版，第225页。

成、相互促进。要让党员干部始终做到旗帜鲜明讲政治，必然要求不断加强党的政治建设；加强党的政治建设，关键是要提高各级各类组织和党员干部的政治能力，其重要目的是让党员干部始终做到旗帜鲜明讲政治。党员干部要想做到旗帜鲜明讲政治，必须锤炼坚强的党性。习近平总书记指出，“党性是党员干部立身、立业、立言、立德的基石，必须在严格的党内生活锻炼中不断增强”[①]“作风问题本质上是党性问题”[②]。这些重要论述很明确地说明了党性的重要作用。党员干部只有党性坚强，才会旗帜鲜明讲政治。旗帜鲜明讲政治，要求党员干部必须自觉加强党性修养，不断提高政治修养、政治觉悟和政治能力，始终坚持党的政治领导，在工作中切实做到党中央提倡的坚决响应，党中央决定的坚决执行，党中央禁止的坚决不做，永葆共产党人政治本色。

延伸阅读

“政治”到底是什么？

一般来讲，政治在今天多指政党、政府维护统治和治理国家的活动。在西方，“政治”一词可以追溯到古希腊时期。据《荷马史诗》记载，“政治”源于古希腊语的“卫城”一词，并伴随城邦制的建立而引申为公民平等地参与公共生活所达成的秩序。当时流传着这样一个神话故事：从前，人类和动物一样赤身裸体、相互残杀。为了使人类得以生存，众神之王宙斯特别嘱咐人类的创造者普罗米修斯向他们传授秩序，由每个人各执一份技能来组成城邦，过公共生活。正义女神忒弥斯手持一尺之锤衡量人间万事，执行奖惩。这个故事形象地描述了政治的最初内涵。

与古希腊社会几乎同时，中国先秦诸子百家中也出现了“政治”这个表述，如《尚书》中的“道洽政治，泽润生民”，《周礼》中的“掌其

---

① 中共中央宣传部：《习近平总书记系列重要讲话读本》，学习出版社、人民出版社 2016 年版，第 114 页。

② 《习近平谈治国理政》第二卷，外文出版社 2017 年版，第 165 页。

政治禁令”等。当然，中国古代的“政治”并非西方语境或现代汉语中的一个词，而是“政”和“治”这两个单音词：前者一般表示法令秩序、施政手段、礼仪修养等制度层面的事物；后者通常意指一种安定祥和的社会状态、治理活动或教化行为。直到孙中山把英文 politics 翻译为“政治”，他说：“政就是众人的事，治就是管理，管理众人的事便是政治。”

从中国共产党人的角度，毛泽东对政治有独到的理解。早在延安时期他曾问胡耀邦：“什么是政治？”胡耀邦讲了书本上的很多，毛泽东说：“没这么复杂，政治就是把支持我们的人搞得多多的，把反对我们的人搞得少少的！”大道至简，这是一种以人为本的政治指导思想的生动表述。中国共产党是马克思主义政党，其进行政治建设的实质在于把人民赋予的权力用来为人民服务。正如习近平总书记反复强调的，“加强党的政治建设，要紧扣民心这个最大的政治”。

（杨洪源：《“政治”到底是什么？》，《中国纪检监察》2019 年第 12 期。）

二、政治纪律居于党的纪律的第一位

没有规矩，不成方圆。人不以规矩则废，党不以规矩则乱。我们党历来高度重视加强党的纪律建设，这是我们党不断取得新胜利的重要保证。毛泽东把纪律与革命事业的关系精辟地概括为：“加强纪律性，革命无不胜。”[①] 邓小平指出：“我们这么大一个国家，怎样才能团结起来、组织起来呢？一靠理想，二靠纪律。”[②] 习近平总书记强调：“我们党是用革命理想和铁的纪律组织起来的马克思主义政党，组织严密、纪律严明是党的优良传统和政治优势，也是我们的力量所在。”[③] 党的十九大报告把纪律建设纳入党的建设总体布局，突出了纪律建设在新时

---

① 中共中央文献研究室：《毛泽东著作专题摘编》（下），中央文献出版社 2003 年版，第 1249 页。

② 《邓小平文选》第三卷，人民出版社 1993 年版，第 111 页。

③ 中共中央文献研究室：《习近平关于全面从严治党论述摘编》，中央文献出版社 2016 年版，第 111 页。

代加强党的建设中的重要地位。

（一）深刻领会政治纪律的极端重要性

《中国共产党章程》指出，党的纪律是党的各级组织和全体党员必须遵守的行为规则，是维护党的团结统一、完成党的任务的保证。在长期的实践中，我们党形成的纪律是多方面的，主要包括政治纪律、组织纪律、廉洁纪律、群众纪律、工作纪律、生活纪律。党的“六大纪律”相互联系，涵盖了党的纪律各个方面，体现了对党员的高标准严要求，每一项纪律都是很重要的。其中，政治纪律是领头的、管总的纪律，居于党的“六大纪律”的第一位，是党的最重要、最根本、最关键的纪律，是净化政治生态的重要保证。现代政党都是有政治纪律要求的，没有政治上的规矩不能称其为政党。一个政党如果不严明政治纪律，就会分崩离析。实践已经反复证明，政治纪律严明，则政党兴；反之，政治纪律弱化，则政党衰。

何谓政治纪律？政治纪律是各级党组织和全体党员在政治方向、政治立场、政治言论、政治行为方面必须遵守的规矩。1927 年 4 月，党的五大通过了《组织问题议决案》，第一次正式使用“政治纪律”一词，同时提出“党内纪律非常重要，但宜重视政治纪律”①。党的十八大以来，以习近平同志为核心的党中央站在党和国家全局的高度，多次强调严明党的政治纪律的重要性，把政治纪律提升到前所未有的新高度。习近平总书记强调，“在所有党的纪律和规矩中，第一位的是政治纪律和政治规矩”②，“党的纪律是刚性约束，政治纪律更是全党在政治方向、政治立场、政治言论、政治行为方面必须遵守的刚性约束”③。这深刻地告诉我们：严明党的纪律，首要的就是严明党的政治纪律，要通过严明党的政治纪律带动党的其他纪律严起来；广大党员干部遵守党的纪律，首先必须遵守党的政治纪律，严格遵守党的政治纪律是党员干部

① 林立：《严守政治纪律 绝不做“三种人”》，《人民法院报》2018 年 11 月 30 日。
② 《习近平谈治国理政》第二卷，外文出版社 2017 年版，第 155 页。
③ 《习近平谈治国理政》第二卷，外文出版社 2017 年版，第 151 页。

遵守党的全部纪律的重要基础。2019 年 3 月，中共中央印发了修订后的《党政领导干部选拔任用工作条例》，第五章第二十四条指出，“有下列情形之一的，不得列为考察对象：（一）违反政治纪律和政治规矩的；（二）群众公认度不高的……”。由此可见，“违反政治纪律和政治规矩的”居于不得列为考察对象的第一种情形，也就是把遵守政治纪律和政治规矩作为选拔任用干部的底线。实际上，在党的“六大纪律”中，不管违反了哪一项纪律，任其发展，最终都会侵蚀党的执政基础，说到底都是破坏党的政治纪律。

延伸阅读

政治纪律为何事关党的生命？

没有规矩，不成方圆。没有纪律，不成政党。我们党最核心的纪律和规矩就是政治纪律和政治规矩，在党的创建过程中就格外强调这点。1920 年 10 月，北京地区党的早期组织在李大钊的领导下成立。不久，党组织成员中的五六个人坚决反对无产阶级专政，主张自由地联合，反对党的纪律和职务分工。经过争论之后，他们退出了党组织，其中不乏能力佼佼者。李大钊对此并没有加以挽留，因为这关系到党的性质、任务和奋斗目标等。同年底，李大钊任书记的党组织重建，次年 7 月，派出代表参加了党的一大。

政治纪律和政治规矩是党赖以生存和发展的重要保证，违反政治纪律和政治规矩就会将党置于危险之地。王克全的例子即是证明。1931 年党的六届四中全会后，在全国最强的党组织和中共中央所在地的江苏省委，王克全等公开退出省委常委会，酝酿组织“第二省委”，并进行分裂党的活动。这时敌人正到处搜捕共产党员，如果党内出现大分裂，后果将不堪设想。周恩来代表中央同王克全等谈话，然而并没有取得预期效果。中央政治局果断开除了王克全中央委员和政治局委员的职务，江苏省委开除其党籍。在坚决措施下，党内局势终于稳定下来，避免了大分裂的危险。

一路走来，党正是在不断总结经验教训、强化各项政治纪律中转危为安，发展壮大。1941 年 1 月 6 日，皖南事变发生，新四军军部及其所属皖南部队 9 000 多人，除约 2 000 人突出重围外，大部分壮烈牺牲和被俘。这是党的历史上所遭受的最重大损失之一。之所以如此，与党中央向敌后发展的重要指示没有得到坚决贯彻密不可分。3 月 26 日中央政治局召开会议，总结皖南事变教训，提出共产党员特别是领导干部必须增强党性；7 月 1 日通过《中央关于增强党性的决定》，要求全党同志加强锻炼党性，使全党统一意志、行动和纪律，从而保证了党在残酷斗争环境中走向胜利。

（魏雪莲：《政治纪律为何事关党的生命?》，《中国纪检监察》2019 年第 12 期。）

（二）党员干部必须严格遵守政治纪律

新时代党要管党、从严治党，靠什么管，凭什么治？就要靠严明党的纪律尤其是党的政治纪律。政治纪律是任何一名党员干部都不能触碰的“带电的高压线”。当前，绝大多数党员干部在严守党的政治纪律方面做的是好的。但也有个别党员干部党的政治纪律意识淡薄，无视党的政治纪律和政治规矩。比如，内蒙古自治区满洲里市原市委副书记、市长许爱莲“六大纪律”项项违反。从近年来查处的一些高级干部严重违纪违法案件看，破坏党的政治纪律问题非常严重，如中央政法委原书记周永康，重庆市委原书记孙政才，全国政协原副主席苏荣等案件。2018 年查处的中国华融资产管理股份有限公司原党委书记、董事长赖小民，违反政治纪律和政治规矩，违背中央金融工作方针政策，盲目扩张、无序经营导致公司严重偏离主责主业，不履行全面从严治党主体责任，造成恶劣政治影响。

习近平总书记强调：“讲政治、遵守政治纪律和政治规矩永远排在首要位置。要抓住这个纲，把严肃其他纪律带起来。”[①] 新时代党员干

---

① 中共中央纪律检查委员会、中共中央文献研究室：《习近平关于严明党的纪律和规矩论述摘编》，中央文献出版社、中国方正出版社 2016 年版，第 30 页。

部旗帜鲜明讲政治，必须把严格遵守党的政治纪律和政治规矩作为安身立命的“压舱石”，把坚决做到“两个维护”作为首要政治纪律，坚决抵制和防止“七个有之”，始终把党的政治纪律和政治规矩挺在前面。遵守党的政治纪律和政治规矩，首先，要认真学习《中国共产党纪律处分条例》《中国共产党问责条例》等党内重要法规，知道哪些事能做、哪些事不能做，在勤于学习中提高对政治纪律和政治规矩的敬畏意识。其次，遵守党的政治纪律和政治规矩要坚决做到“五个必须”：必须维护党中央权威、必须维护党的团结、必须遵循组织程序、必须服从组织决定、必须管好亲属和身边工作人员。在政治立场、政治方向、政治原则、政治道路上同以习近平同志为核心的党中央保持高度一致。

延伸阅读

《中国共产党纪律处分条例》中
关于违反政治纪律的部分规定

第四十四条　在重大原则问题上不同党中央保持一致且有实际言论、行为或者造成不良后果的，给予警告或者严重警告处分；情节较重的，给予撤销党内职务或者留党察看处分；情节严重的，给予开除党籍处分。

第四十六条　通过网络、广播、电视、报刊、传单、书籍等，或者利用讲座、论坛、报告会、座谈会等方式，有下列行为之一，情节较轻的，给予警告或者严重警告处分；情节较重的，给予撤销党内职务或者留党察看处分；情节严重的，给予开除党籍处分：

（一）公开发表违背四项基本原则，违背、歪曲党的改革开放决策，或者其他有严重政治问题的文章、演说、宣言、声明等的；

（二）妄议党中央大政方针，破坏党的集中统一的；

（三）丑化党和国家形象，或者诋毁、诬蔑党和国家领导人、英雄模范，或者歪曲党的历史、中华人民共和国历史、人民军队历史的。

第二节 旗帜鲜明讲政治是党员干部的立身之本

列宁曾经说过："政治上有教养的人是不会贪污受贿的。"[①] 旗帜鲜明讲政治，是党员干部的立身之本，是党员干部必须要修好的终身课题。当前，绝大多数党员干部能旗帜鲜明讲政治，但也有个别党员干部没有充分认识到旗帜鲜明讲政治的极端重要性，认为讲政治没有那么很重要，忽视政治、淡化政治、不讲政治的问题还比较突出。习近平总书记深刻地指出，干部在政治上出问题，对党的危害不亚于腐败问题，有的甚至比腐败问题更严重。[②] 新时代党员干部要自觉地把讲政治贯穿于党性锻炼全过程，始终做政治上的明白人。新时代党员干部必须旗帜鲜明讲政治，到底有多么重要？我们可以从以下"五个第一位"来深刻领会其极端重要性。

一、政治意识居于"四个意识"的第一位

党的十八届六中全会通过的《关于新形势下党内政治生活的若干准则》明确指出，全党必须牢固树立政治意识、大局意识、核心意识、看齐意识，自觉在思想上政治上行动上同党中央保持高度一致。2016 年 7 月 1 日，习近平总书记在庆祝中国共产党成立 95 周年大会上发表重要讲话强调，全党同志要增强政治意识、大局意识、核心意识、看齐意识，切实做到对党忠诚、为党分忧、为党担责、为党尽责。增强"四个意识"是党中央对全党同志提出的明确要求，是对新时代党的建设重要经验的科学总结。

---

① 《列宁全集》第四十二卷，人民出版社 1987 年版，第 198 页。

② 中共中央文献研究室：《习近平关于全面从严治党论述摘编》，中央文献出版社 2016 年版，第 80 页。

（一）深刻领会政治意识的极端重要性

“增强政治意识、大局意识、核心意识、看齐意识”是2016年1月29日中央政治局召开会议首次提出的。习近平总书记在不同场合反复强调，全党同志要增强“四个意识”。只有不断增强“四个意识”，才能使我们党更加团结统一、坚强有力，始终成为中国特色社会主义事业的坚强领导核心。近年来党中央反复强调增强“四个意识”，有着很强的现实针对性。近年来查处的一些落马官员“四个意识”个个皆无，让人触目惊心。比如，中共中央宣传部原副部长鲁炜，陕西省原卫计委党组书记胡志强，内蒙古自治区通辽市委原常委、统战部部长曹文敏等。新时代党员干部要深刻学习领会“四个意识”的内涵，切实把“四个意识”内化于心、外化于行。

“政治意识、大局意识、核心意识、看齐意识”内涵丰富，是一个相互联系、相互支撑的有机整体。其中，政治意识是最根本、最重要、最关键的意识，是“四个意识”中领头的、管总的意识，居于“四个意识”的第一位，其他三种意识都是讲政治的具体体现。什么是政治意识？理论界较通行的认识是：政治意识是政治心理（政治文化）和意识形态，主要包括政治思想、政治观点，以及对于政治现象的态度和评价。[①] 在工作中，如果一名党员干部的政治意识增强了，那么，其他三种意识的增强就有了基础。反之，如果一名党员干部的政治意识淡薄或者政治意识不强，那么大局意识、核心意识、看齐意识都无从谈起。因此，增强政治意识是对党员干部增强“四个意识”的第一位的要求，是党员干部旗帜鲜明讲政治的前提条件。政治意识集中体现了一名党员干部鲜明的政治态度和政治立场，党员干部牢固树立和自觉践行“四个意识”，首要的就是牢固树立和自觉践行政治意识。[②] 党员干部的政治意识对于能否推进新时代党和人民事业更好地发展极为重要。实现“十四

---

① 谢宝富：《如何正确解读政治意识》，《人民论坛》2016年第29期。

② 尚传斌：《从“四个第一位”看旗帜鲜明讲政治》，《中国纪检监察报》2018年6月21日。

五”规划和2035年远景目标，迫切需要党员干部不断增强政治意识，忠贞不渝地为党和人民事业不懈奋斗。

（二）党员干部必须牢固树立政治意识

当前，绝大多数党员干部政治意识是强的，但也有个别党员干部在工作中缺乏政治意识或政治意识极其淡薄。有的对高举中国特色社会主义伟大旗帜意志不坚定；有的在内心深处并不真正接受中央精神，将党的领导“停留在口头上、体现在文件中、落实在半空中”；有的对一些明显的政治问题视而不见、迟钝麻木；还有的“当面不说、背后乱说”“会上不说、会后乱说”“台上不说、台下乱说”……近年来查处的一些高级干部毫无政治意识，妄议中央大政方针，破坏党的集中统一。比如，第十八届中央候补委员、北京市委原副书记吕锡文，天津市原市委代理书记、市长黄兴国等。更有甚者，竟然在重大问题上公开发表违背中央精神的言论。比如，河北省委原书记、省人大常委会原主任周本顺，全国人大原内务司法委员会副主任委员、云南省委原书记秦光荣，国家统计局原党组书记、局长王保安等。

以上这些反面教材给我们敲响了警钟。新时代党员干部牢固树立政治意识，就是要在研究制定政策时，牢牢把准政治方向；在具体谋划推进工作时，始终贯彻政治要求。其中，牢牢把准政治方向至关重要。政治方向对一个政党、一名党员干部来说都极端重要。习近平总书记讲过一个长征故事：红军过草地的时候，炊事员一起床，不问今天有没有米煮饭，却先问向南走还是向北走。这说明在红军队伍里，即便是一名炊事员，也懂得方向问题比吃什么更重要。把握正确政治方向，是指始终高举中国特色社会主义伟大旗帜；是指既不走封闭僵化的老路，也不走改旗易帜的邪路，坚定不移走中国特色社会主义道路；是指始终坚持中国共产党的领导，坚定不移跟党走。党员干部在“举什么旗、走什么路”上要时刻保持清醒的政治头脑，必须始终坚守一条，凡是有利于坚持党的领导和我国社会主义制度的事就要坚定不移做，凡是不利于坚持党的领导和我国社会主义制度的事就坚决不做，始终做到政治方向不偏。

二、政治合格居于“四个合格”的第一位

中国共产党党员是中国工人阶级的有共产主义觉悟的先锋战士，是党的肌体的细胞和党的活动的主体。一名党员就是一面旗帜。我们党的先进性和纯洁性最终要靠千千万万党员的先进性和纯洁性来体现。党员的党性和素质如何，直接关系到我们党的肌体是否健康。党员合格，我们党才能坚强有力，才能永葆生机与活力，党的执政基础才能稳固。做合格党员是对每一名党员的基本要求。那么，什么样的党员才算是合格党员？合格党员的标准是具体的、明确的，是党的性质和宗旨的集中反映。着眼党和国家事业的新发展对党员的新要求，就是要做讲政治、有信念，讲规矩、有纪律，讲道德、有品行，讲奉献、有作为的合格党员，即做到“四个合格”：政治合格、执行纪律合格、品德合格、发挥作用合格。

（一）深刻领会政治合格的极端重要性

“四个合格”是以习近平同志为核心的党中央对合格党员提出的明确要求。2017 年 3 月，中共中央办公厅印发的《关于推进“两学一做”学习教育常态化制度化的意见》指出，各级党组织要教育引导广大党员按照“四讲四有”标准，做到政治合格、执行纪律合格、品德合格、发挥作用合格。2019 年 5 月中共中央印发的《中国共产党党员教育管理工作条例》明确指出，推进“两学一做”学习教育常态化制度化，不断增强党员教育管理针对性和有效性，努力建设政治合格、执行纪律合格、品德合格、发挥作用合格的党员队伍。广大党员要深刻学习领会“四个合格”的内涵，并且在工作中要忠实践行。

在“四讲四有”合格党员标准中，讲政治、有信念是第一位的标准；在“四个合格”中，政治合格居于第一位。政治合格在“四个合格”中是牵头的、管总的，是“四个合格”中根本性的、最重要的合

格。做一名新时代合格的共产党员，首先必须做到政治合格，这既是首要标准，也是对党员的基本要求。在工作中我们看一名共产党员是否合格，也首先要看这名党员是否政治合格。为从源头上确保党员政治合格，《中国共产党章程》明确规定：发展党员，必须把政治标准放在首位。这是确保党员政治合格的重要前提，是从源头上“过滤筛选”。对那些政治上不合格的人，必须一票否决、坚决挡在“门外”。习近平总书记很深刻地指出，“对那些政治上不合格、想混入党内捞好处的人，一个都不能要”①，“如果理想信念不坚定，不相信马克思主义，不相信中国特色社会主义，政治上不合格，经不起风浪，这样的干部能耐再大也不是我们党需要的好干部”②。

（二）党员干部必须始终做到政治合格

当前，绝大多数党员能做到政治合格，但也有个别党员在政治上不合格，出了大问题。有的党的意识有所淡化；有的对党中央决策部署阳奉阴违、自行其是；还有的对共产主义心存怀疑，对社会主义前途命运丧失信心……这些都是政治不合格的突出表现。近年来，个别党员干部“不信马列信鬼神”“不敬人民敬‘大师’”问题比较严重。比如，四川省委原副书记李春城滥用职权进行封建迷信活动，公事私事都请风水先生做道场。广东揭阳市委原书记陈弘平极度迷信风水，动用公款修建阴宅，更号召干部带头学风水学。江西安远县委原书记邝光华常年佩戴“求神避邪”符，把风水先生奉为“座上宾”。③

《关于推进“两学一做”学习教育常态化制度化的意见》指出，在政治合格方面，重点是坚定理想信念，正确把握政治方向，坚定站稳政治立场，坚决维护以习近平同志为核心的党中央权威，不断增强中国特色社会主义道路自信、理论自信、制度自信、文化自信。这为新时代党员如何做到政治合格指出了明确方向。“理想信念动摇是最危险的动摇，

---

① 习近平：《在全国组织工作会议上的讲话》，人民出版社 2018 年版，第 14 页。
② 《习近平谈治国理政》第一卷，外文出版社 2018 年版，第 413 页。
③ 余清楚：《信马列岂能拜鬼神》，《人民日报》2017 年 10 月 12 日。

理想信念滑坡是最危险的滑坡。”[①] 新时代党员要始终做到政治合格，首先必须坚定崇高的理想信念。习近平总书记强调，理想信念就是共产党人精神上的“钙”，没有理想信念，理想信念不坚定，精神上就会“缺钙”，就会得“软骨病”。[②] 这充分说明了理想信念对一名共产党人的极端重要性。新时代广大党员要始终坚守共产党人精神追求，自觉做共产主义远大理想和中国特色社会主义共同理想的坚定信仰者和忠实实践者。

三、政治品德居于党员干部品德的第一位

百行德为首，百业德为先；国无德不兴，人无德不立。习近平总书记指出，道德之于个人、之于社会，都具有基础性意义，做人做事第一位的是崇德修身。这就是我们的用人标准为什么是德才兼备、以德为先，因为德是首要、是方向，一个人只有明大德、守公德、严私德，其才方能用得其所。[③] 对广大党员干部来讲，做官先做人，做人先立德；德乃官之本，为官先修德。2019 年 3 月中共中央印发的新修订的《党政领导干部选拔任用工作条例》指出，选拔任用党政领导干部，必须坚持德才兼备、以德为先，五湖四海、任人唯贤；要深入考察道德品行，加强对工作时间之外表现的考察，注重了解社会公德、职业道德、家庭美德、个人品德等方面的情况。这些要求进一步突出了在干部选拔任用中对“德”的高度重视。

（一）深刻领会政治品德的极端重要性

《论语·为政》讲：“为政以德，譬如北辰，居其所而众星共之。”以德修身、以德立威、以德服众，是党员干部成长成才的重要因素。党员干部必备的品德包括政治品德、职业道德、社会公德、家庭美德等多

① 《习近平谈治国理政》第二卷，外文出版社 2017 年版，第 34 页。
② 《习近平谈治国理政》第一卷，外文出版社 2018 年版，第 15 页。
③ 《习近平谈治国理政》第一卷，外文出版社 2018 年版，第 172 页。

方面，其中，最重要、最根本的是政治品德。党的十八大以来，习近平总书记多次强调政治品德在党员干部品德中的特殊重要性。2018 年 7 月，习近平总书记在全国组织工作会议上发表重要讲话强调，我们今天讲的“德”，第一位的是政治品德。政治上有问题的人，能力越强、职位越高，危害就越大。2018 年 11 月 26 日，习近平总书记在十九届中央政治局第十次集体学习时发表重要讲话进一步强调，德才兼备，方堪重任。我们党历来强调德才兼备，并强调以德为先。德包括政治品德（政德）、职业道德、社会公德、家庭美德等，干部在这些方面都要过硬，最重要的是政治品德要过得硬。《论语》中说要“修己以敬”“修己以安人”“修己以安百姓”，对我们共产党人来说，修己最重要的是修政治道德。[①] 这些重要论述很深刻地告诉我们，政治品德居于党员干部品德的第一位，是对党员干部品德第一位的要求，在党员干部必备的品德中起着领头的、管总的作用。看一名党员干部的道德品质怎么样，首先或者主要从政治品德方面进行衡量和评价。所以，我们党在选拔干部时，在品德方面始终坚持“政治品德不过关，就要一票否决”的标准。

（二）党员干部必须始终做到政治品德过硬

《朱子治家格言》讲：德不配位，必有灾殃。从近年来查处的一些违纪违法案件看，一些腐败分子之所以走上犯罪道路，大多是从品行不端、道德败坏开始的。当前，我国党员干部队伍中绝大多数人的政德是好的，但也有个别党员干部道德滑坡问题较为严重。像孙政才、薄熙来、王立军之流，既是政治腐败的典型，又是带头不讲政德、破坏政德的典型。国家统计局原党组书记、局长王保安被查出有六大方面问题，其中一个重要问题是“道德沦丧，大搞权色、钱色交易”。2020 年 11 月 19 日，黑龙江省鸡西市恒山区委原书记孔令宝，因犯受贿罪被判处有期徒刑 10 年 6 个月。据办案人员介绍，在疫情防控指挥部指挥期间，孔令宝“晚上临睡前在黄色网站充值，购买、观看黄色视频，满足自己

① 习近平：《努力造就一支忠诚干净担当的高素质干部队伍》，《求是》2019 年第 2 期。

的低俗生活趣味。第二天上班心不在焉、萎靡不振，严重影响疫情防控指挥工作”。孔令宝也成为黑龙江省第一个因抗疫不力被立案调查的党政主要领导干部。①

以上这些案件给我们带来深刻的警示教训。新时代党员干部要充分认识加强政德修养的重要性，把加强政德修养作为十分重要的人生必修课，做一名新时代政治品德过硬的党员干部。立政德，就要明大德、守公德、严私德。首先，加强政德修养要自觉做到明大德。明大德，就是要铸牢理想信念、锤炼坚强党性，在大是大非面前旗帜鲜明，在风浪考验面前无所畏惧，在各种诱惑面前立场坚定。其次，加强政德修养要自觉做到守公德。守公德，就是要强化宗旨意识，全心全意为人民服务，恪守立党为公、执政为民理念，自觉践行人民对美好生活的向往就是我们的奋斗目标的承诺，做到心底无私天地宽。最后，加强政德修养要自觉做到严私德。严私德，就是要严格约束自己的操守和行为。培养和强化自我约束、自我控制的意识和能力，做到“心不动于微利之诱，目不眩于五色之惑”。此外，党员干部加强政德修养必须要掌握运用行之有效的道德修养方法，如古人大力提倡的“慎独”“慎微”“自省”等重要方法。

延伸阅读

热爱人民、勤政为民，无私奉献、廉洁奉公，鞠躬尽瘁、死而后已。周恩来坚持人民利益高于一切，全心全意为人民谋利益，把自己当成是人民的“总服务员”，胸前佩带的“为人民服务”徽章是他一生真实的写照。他说，“我们的一切工作都是为了人民”，要“永远做人民忠诚的勤务员”。逢年过节，他关心一线的工人能不能吃上一顿饺子。得知北京公共交通拥挤，他就自己乘公共汽车，体验群众困难，寻找解决方案。1975 年大手术之后，他依然牵挂着远在千里之外的云南锡矿工

---

① 《从得志走向沉沦——黑龙江省鸡西市恒山区委原书记孔令宝腐败案剖析》，中央纪委国家监委网站，2021 年 1 月 1 日。

人的健康。逝世前他专门交代："把我的骨灰撒到江河大地去做肥料，这也是为人民服务。"周恩来真正做到了他说的"应该像头牛一样努力奋斗"，"为人民服务而死"。"人民总理爱人民，人民总理人民爱"，这是人民对周恩来最真挚的感情。周恩来毕生勤勤恳恳、任劳任怨，只求奉献、不求回报。他说："对自己应该自勉自励，应该严一点，对人家应该宽一点。"他身居高位，但从不搞特殊，凡是要求党员和群众做到的，自己总是首先做到。他说："我们每一个领导干部要以普通劳动者的姿态出现，以平等态度待人。""精神生活方面，我们应该把整个身心放在共产主义事业上，以人民的疾苦为忧，以世界的前途为念。""物质生活方面，我们领导干部应该知足常乐，要觉得自己的物质待遇够了，甚至于过了，觉得少一点好，人家分给我们的多了就应该居之不安。要使艰苦朴素成为我们的美德。"他身后没有留下任何个人财产，他和邓颖超一生的全部工资积蓄都交了党费。他说："我们这一辈子和这一个时代的人多付出一点代价，是为后代更好地享受社会主义幸福。"

（虞云耀：《坚强的党性　崇高的品格》，《党的文献》2015 年第 2 期。）

四、政治能力居于党员干部能力的第一位

俗话说"软肩膀挑不起硬担子"，能力过硬是党员干部必备的基本素质。新时代党员干部要想做好本职工作、更好地履职尽责，必须有过硬的能力作支撑。那么，新时代党员干部要想担负起党和人民寄予的重托，需要具备哪些能力呢？2020 年 10 月 10 日，习近平总书记在 2020 年秋季学期中央党校（国家行政学院）中青年干部培训班开班式上发表重要讲话强调："面对复杂形势和艰巨任务，我们要在危机中育先机、于变局中开新局，干部特别是年轻干部要提高政治能力、调查研究能力、科学决策能力、改革攻坚能力、应急处突能力、群众工作能力、抓落实能力，勇于直面问题，想干事、能干事、干成事，不断解决问题、破解难题。""七种能力"为新时代加强领导干部能力建设指明了方向。

领导干部必备的“七种能力”不是孤立的，而是相互联系、相辅相成、相互作用，共同构成了一个完整的领导能力体系。

（一）深刻领会政治能力的极端重要性

党的十九大报告指出，全党同志特别是高级干部要加强党性锻炼，不断提高政治觉悟和政治能力。2020年10月10日，习近平总书记在2020年秋季学期中央党校（国家行政学院）中青年干部培训班开班式上强调，在干部干好工作所需的各种能力中，政治能力是第一位的。有了过硬的政治能力，才能做到自觉在思想上政治上行动上同党中央保持高度一致，在任何时候任何情况下都能“不畏浮云遮望眼”“乱云飞渡仍从容”。这一重要论述告诉我们，在领导干部必备的“七种能力”中，政治能力居于领导干部“七种能力”的第一位，是对领导干部能力的第一位的要求。看一名领导干部的能力如何，首先要看其政治能力如何。

何谓政治能力？政治能力就是把握方向、把握大势、把握全局的能力，就是保持政治定力、驾驭政治局面、防范政治风险的能力。这是对政治能力丰富内涵的集中概括。新时代党员干部提高干事创业所需的各种能力中，第一位的是提高政治能力，这是更好地肩负起新时代职责和使命的首要必修课。政治能力是党员干部履职尽责的牢固根基，在党员干部应具备的所有能力中起着领头、管总的作用，对科学决策能力、群众工作能力、抓落实能力等能力的有效发挥起着决定性影响，是党员干部最重要、最根本、最关键的能力。实践已经反复证明，如果一名党员干部其他方面的能力不强，可能会导致工作效率低下、工作质量不高，但如果政治能力不强，即使其他方面的能力再强，也是靠不住的，有可能犯方向性、颠覆性错误，其后果不堪设想。新时代着力提高党员干部政治能力，既是党员干部履职尽责的迫切需要，也是有效应对各种风险挑战的关键之举，更是推进中国特色社会主义伟大事业的必然要求。

（二）党员干部必须始终做到政治能力过硬

能力不足危险是我们党面临的“四种危险”之一。当前，党员干部队伍政治能力从总体上看是比较强的，但也有个别党员干部政治能力不足，还不具备与所承担的领导职责相匹配的政治能力，与新时代的要求还有许多不相适应的地方。比如，个别党员干部的政治敏锐性和政治鉴别力偏弱，对有的重大敏感事件预判不够精准，对苗头性、倾向性问题不能见微知著；有的在工作中遇到事情时手忙脚乱，不善于从政治上分析问题、解决问题；还有的缺乏政治担当，对错误言论不敢亮剑，在错误言行面前缺乏坚定立场、鲜明态度，对不良风气听之任之……

中国特色社会主义进入新时代，显然对广大党员干部的政治能力提出了新的更高的要求。党员干部提高政治能力是一个终身课题，只有进行时，没有完成时。提高政治能力，很重要的一条就是要善于从政治上分析问题、解决问题。只有从政治上分析问题才能看清本质，只有从政治上解决问题才能抓住根本。政治上的问题必须从政治上加以解决；其他方面的问题，要善于从政治上去认识、分析和解决。不从政治上认识问题、解决问题，就会陷入头痛医头、脚痛医脚的被动局面，就无法从根本上解决问题。此外，党员干部提高政治能力必须自觉加强政治历练。“纸上得来终觉浅，绝知此事要躬行。”党员干部要认真贯彻落实《关于新形势下党内政治生活的若干准则》，自觉接受党内政治生活锻炼，着力增强党内政治生活的政治性、时代性、原则性、战斗性；要在复杂严峻的斗争实践中经风雨、见世面、壮筋骨，积极主动地投身到各种斗争中去。

五、政治标准居于选人用人标准的第一位

“为政之要，莫先于用人。”选人用人问题始终是关系党和国家事业成败的关键问题。“用一贤人则群贤毕至，相一良马则万马奔腾。”那么，如何真正把好干部选出来、用起来？首先必须树立正确的选人用人导向，坚持正确的选人用人标准。党的十九大报告指出，坚持正确选人用人导向，匡正选人用人风气，突出政治标准，提拔重用牢固树立“四个意识”和“四个自信”、坚决维护党中央权威、全面贯彻执行党的理

论和路线方针政策、忠诚干净担当的干部。这就告诉我们，在选人用人中必须始终严把“政治关”。

（一）深刻领会政治标准的极端重要性

我们党对党员干部的要求是多方面的，首要的是政治上的要求。选拔任用一名干部，首先要看其政治上清醒不清醒、坚定不坚定。我们党历来把政治标准作为选人用人的首要标准，把政治标准作为硬杠杠。毛泽东指出，政治是主要的，是第一位的，干部要又红又专。邓小平提出干部队伍“四化”方针，强调首先是要革命化。江泽民指出，无论从事什么工作的干部，政治上必须合格，要确保各级领导权牢牢掌握在忠于马克思主义、忠于党、忠于人民的人手里。胡锦涛强调，选干部要坚持德才兼备、以德为先，把政治标准放在首位，坚决防止和纠正重才轻德现象。①

党的十八大以来，以习近平同志为核心的党中央明确提出新时期好干部标准，严把选人用人政治关、品行关、能力关、作风关、廉洁关，推动选人用人工作取得显著成效、发生重大变化。在选人用人严把的“五关”中，“政治关”是首要一关，是最根本、最重要的一关。政治标准是选人用人的第一位的标准，在干部选拔任用中具有统领性。如果一名党员干部政治标准不过关，那其他都不过关，即使能耐再大也坚决不能用。习近平总书记多次强调“政治标准”的重要性。2013 年 6 月，他在全国组织工作会议上指出，党组织要严格把关，把政治标准放在首位，确保政治合格。2018 年 7 月，在全国组织工作会议上他再次强调，选人用人要坚持好干部标准，把政治标准放在第一位。这些重要论述为新时代选人用人工作指明了方向。

2019 年 3 月，中共中央印发了修订后的《党政领导干部选拔任用工作条例》，这是做好新时代干部选拔任用工作的基本遵循，其鲜明特征是坚持德才兼备、以德为先，坚持把“政治标准”放在首位。该文件

① 陈希：《培养选拔干部必须突出政治标准》，《人民日报》2017 年 11 月 16 日。

第一章指出，选拔任用党政领导干部，必须把政治标准放在首位；第二章指出，牢固树立政治意识、大局意识、核心意识、看齐意识，坚决维护习近平总书记核心地位，坚决维护党中央权威和集中统一领导；第五章指出，突出政治标准，注重了解政治理论学习情况，深入考察政治忠诚、政治定力、政治担当、政治能力、政治自律等方面的情况。以上这些要求，从党内法规的层面进一步强化和明确了新时代干部选拔任用的政治标准和政治要求。

（二）党员干部必须过好“政治关”

当前，绝大多数党员干部能达到我们党要求的政治标准，但仍有个别党员干部政治标准不过关。有的“四个意识”“四个自信”还没有筑牢，和党中央的要求有很大差距；有的大搞拉帮结派、结党营私、任人唯亲、封官许愿等活动；还有的对党不忠诚，台上一套、台下一套，人前一面、人后一面，说一套、做一套……比如，司法部原党组成员、政治部主任卢恩光，年龄、入党材料、工作经历、学历、家庭情况等全面造假，长期欺瞒组织，在其 1990 年的入党志愿书中，竟写了学习邓小平 1992 年南方谈话的体会；金钱开道，一路拉关系买官和谋取荣誉，从一名私营企业主一步步变身为副部级干部。①

那么，新时代党员干部要达到什么样的政治标准呢？2018 年 11 月 26 日，习近平总书记在十九届中央政治局第十次集体学习时发表重要讲话强调，选人用人必须把好政治关，把是否忠诚于党和人民，是否具有坚定理想信念，是否增强“四个意识”、坚定“四个自信”，是否坚决维护党中央权威和集中统一领导，是否全面贯彻执行党的理论和路线方针政策，作为衡量干部的第一标准。这“五个是否”就是新时代政治标准的基本内涵，为党员干部过好“政治关”指明了方向。其中，过好“政治关”，首先必须做到对党忠诚，这是党员干部的首要政治品质和政治生命线。我们党选拔优秀干部，千条万条，第一条就是看干部是否对

① 《典型案例警示录》，《中国纪检监察》2017 年第 16 期。

党忠诚；我们党通过各种举措培养优秀干部，千条万条，第一条就是教育干部对党忠诚。党员干部对党忠诚，要做到“绝对忠诚”，就是唯一的、彻底的、无条件的、不掺任何杂质的、没有任何水分的忠诚，党叫干什么就坚决干，党不允许干什么就坚决不干。

综上所述，政治意识、政治合格、政治品德、政治能力、政治标准在各自范畴都排在第一位，这“五个第一位”充分彰显了党员干部旗帜鲜明讲政治的极端重要性，很深刻地告诉广大党员干部：在工作中必须要不断增强政治意识、自觉做到政治合格、不断加强政德修养、切实提高政治能力、努力达到政治标准，做一名政治过硬的党员干部。理论上清醒，政治上才能坚定。习近平总书记强调，理论修养是干部综合素质的核心，理论上的成熟是政治上成熟的基础，政治上的坚定源于理论上的清醒。[①] 很显然，如果一名党员干部理论上很糊涂，那政治上就很容易迷失方向甚至误入歧途。所以，党员干部旗帜鲜明讲政治，始终做政治上的明白人，必须建立在对马克思主义的深刻认识之上，建立在对习近平新时代中国特色社会主义思想的深刻理解之上，建立在对历史规律的深刻把握之上。这就要求党员干部牢固树立学习意识，不断增强学习本领，努力修好人生必修课，认真学习马克思主义理论，坚持读原著、学原文、悟原理，深入学习掌握马克思主义中国化最新成果——习近平新时代中国特色社会主义思想，不断提高马克思主义思想觉悟和理论水平，自觉做马克思主义的坚定信仰者和忠实实践者。

延伸阅读

“我完全听共产党的话！要我怎样干就怎样干！”

1927 年，“白色恐怖”笼罩整个中国。在共产党最危难时刻，当时尚不是共产党员的贺龙毅然站在共产党一边。6 月中旬，贺龙就任国民革命军暂编第二十军军长。6 月底，贺龙在汉口俄租界鲍罗廷公馆，结

---

① 中共中央文献研究室：《习近平关于全面从严治党论述摘编》，中央文献出版社 2016 年版，第 67 页。

识了许多中共要人。

7月初，周恩来在周逸群的陪同下会见了贺龙。这是他俩的首次晤面。贺龙紧握周恩来的手说："你的大名，我早就晓得。逸群对你钦佩得很呢。如今见面胜似闻名喽。"周恩来说："疾风知劲草，我们对你是很钦佩的。"谈话中，周恩来分析了形势，谈了共产党对时局的看法，精辟的见解使贺龙深受启发。

7月20日，中共中央决定在南昌举行武装起义。23日，贺龙率部从鄂东抵达九江。中共中央政治局委员谭平山会见了贺龙。谭平山认真又严肃地说："共产党决定开展独立的军事行动，希望你率二十军和我们一起行动。"贺龙说："好！信任我贺龙，我当然唯命是从。"谭平山兴奋地说："我要谢谢你！有二十军参加，就更有把握胜利了。"贺龙则说："谁也莫谢谁，我们大家一条心，为中国工农做一点点子事情嘛！"

26日，贺龙率部抵达南昌。28日，南昌起义前委书记周恩来到设在子固路的第二十军指挥部去看贺龙。他紧握贺龙的手说："我来拜访你，不是礼节性的。开门见山，我是找你商量起义计划的，我们立刻就谈行吗？"贺龙点头道："好极了！我洗耳恭听。"周恩来大笑："洗耳恭听是不够的，你是大将军，光动耳朵怎么成？还是要动手动脚动枪动炮呢！"贺龙也笑了。周恩来当即把起义计划告诉了贺龙，征求其意见。贺龙毫不犹豫："我完全听共产党的话！要我怎样干就怎样干！"周恩来点了点头说："共产党对你下达的第一个命令就是党的前委委任你为起义军总指挥！"

贺龙一怔，讷讷地说："我还没有入党……"周恩来盯着贺龙："你看，你刚刚讲过完全听共产党的命令，怎么第一个命令就不听？"听了这话，贺龙非常激动，立即行了个军礼说："好，我坚决服从！"周恩来当即以前委名义任命贺龙为起义军总指挥。

31日下午2时，贺龙在第二十军指挥部召集团以上军官开会，他说："今天召集大家来，有件重要的事情要谈。大家都知道，国民党已经叛变了革命，国民党已经死了。我们今天要重新树立起革命的旗帜，反对反动政府。"停顿片刻，贺龙以冷峻目光扫视会场，继续说，"根据共产党的命令，我决定带部队起义。你们愿意跟我走的，我们一块革命；不愿意跟我走的，可以离开部队。”贺龙讲话掷地有声。军官们当即表示：“军长决定怎么办就怎么办，我们坚决跟着走!”贺龙高兴地说：“好！从今以后，我们要听共产党的领导，绝对服从共产党的命令。”

8月1日凌晨2时，周恩来下达了战斗命令。经过4小时激战，南昌起义取得了胜利。不久后，贺龙在瑞金加入了中国共产党。“组织上对贺龙同志是很了解的，他由一个贫苦农民经过斗争，成为国民革命军暂编第二十军军长很不容易。多年来，他积极追求真理，是经过考验的，是信得过的。”周恩来在入党仪式上深情地说：“贺龙同志是一个好同志。”

（戴和杰、何剑芳：《对党忠诚的贺龙》，《中国纪检监察报》2019年3月22日。）

第二章

旗帜鲜明讲政治的前提：坚持正确政治方向

党领导人民治国理政，最重要的就是坚持正确政治方向，始终保持我们党的政治本色，始终沿着中国特色社会主义道路前进。

——习近平总书记在中共中央政治局 2020 年 12 月召开的民主生活会上的讲话

旗帜鲜明讲政治，是我们党不忘初心、牢记使命，将党和人民事业长长久久推进下去的根本要求。旗帜鲜明讲政治的前提是坚持正确政治方向。政治方向是党生存发展第一位的问题，事关党的前途命运和事业兴衰成败。政治方向就是讲政治中“政治”之根本，如果在这个根本上出了问题，没有坚持正确政治方向，那讲政治就成了“空中楼阁”，甚至会犯颠覆性错误。

习近平总书记指出：“我们治国理政的本根，就是中国共产党的领导和我国社会主义制度。在这一点上，必须理直气壮、旗帜鲜明。”① 百年来，中国共产党带领中国人民完成新民主主义革命建立了中华人民共和国，完成社会主义革命推进了社会主义建设，进行改革开放新的伟大革命，开辟了中国特色社会主义道路，形成了中国特色社会主义理论体系，确立了中国特色社会主义制度，实现了中国人民从站起来到富起来、强起来的伟大飞跃。实践证明，历史和人民选择中国共产党领导中华民族伟大复兴的事业是正确的，必须长期坚持，永不动摇。中国特色社会主义制度是党和人民在长期实践探索中形成的科学制度体系，是国家治理一切工作的根本遵循。回望新中国 70 余年的发展历程，中国共产党带领中国人民创造了世所罕见的经济快速发展奇迹和社会长期稳定奇迹，以无可辩驳的事实证明，中国特色社会主义制度是具有强大生命力和巨大优越性的制度和治理体系，是能够持续推动中国发展和进步、确保中华民族实现“两个一百年”奋斗目标进而实现伟大复兴的制度和治理体系。因此，始终坚持中国共产党领导，始终坚持中国特色社会主义制度，就是我们的政治方向，是我们旗帜鲜明讲政治的前提。

---

① 《习近平谈治国理政》第三卷，外文出版社 2020 年版，第 165 页。

第一节　始终坚持中国共产党领导

习近平总书记指出："我们中国共产党人能不能打仗，新中国的成立已经说明了；我们中国共产党人能不能搞建设搞发展，改革开放的推进也已经说明了；但是，我们中国共产党人能不能在日益复杂的国际国内环境下坚持住党的领导、坚持和发展中国特色社会主义，这个还需要我们一代一代共产党人继续作出回答。"① 这段经典论述既阐明了办好中国事情的关键在党，党的领导是历史与人民的选择；也阐明了面向未来，全面建设社会主义现代化强国，实现中华民族伟大复兴，续写"两大奇迹"新篇章，党的领导是根本保证。坚决践行"两个维护"在任何情况下都不能含糊、不能动摇。

一、办好中国的事情，关键在党

办好中国的事情，关键在党。百年来，在中国共产党的领导下，中国发生了翻天覆地的变化。中华民族迎来了从站起来、富起来到强起来的伟大飞跃。历史和现实充分证明了中国共产党领导的正确性，充分证明了中国人民选择中国共产党领导的正确性。今天，站在新发展阶段，面对世界百年未有之大变局，我们要全面建成社会主义现代化强国，实现中华民族伟大复兴，最根本的保证还是党的领导。

（一）中国共产党的领导是历史和人民的选择

从世界社会主义发展史看，无产阶级政党与科学社会主义同根同源，相伴共进，这是无产阶级政党的性质、目标和使命决定的，也是社

---

① 中共中央文献研究室：《习近平关于社会主义政治建设论述摘编》，中央文献出版社 2017 年版，第 25 页。

会主义发展的必然逻辑。马克思指出：“为保证社会革命获得胜利和实现革命的最高目标——消灭阶级，无产阶级这样组织成为政党是必要的。”[①] 列宁强调，无产阶级政党必须毫不动摇地坚持党的领导权，无产阶级政党的领导是“社会主义胜利的唯一保证”。中国共产党人坚持马克思主义建党学说，并发展深化了对共产党执政规律的认识。毛泽东指出：“离开了中国共产党的领导，任何革命都不能成功。”[②] 邓小平指出：“坚持四项基本原则的核心，是坚持党的领导。”[③] 党的十八大以来，习近平总书记创造性地提出党的领导是中国特色社会主义最本质的特征，是中国特色社会主义制度的最大优势，党是最高政治领导力量，发展了无产阶级政党理论。

回顾近代以来中国的革命、建设与发展历史，能够清楚地看到中国共产党的领导对于我们国家、我们民族的伟大意义。正如习近平总书记所指出的：“中国有了中国共产党执政，是中国、中国人民、中华民族的一大幸事。”[④] 没有中国共产党，哪有社会主义中国？哪有中国特色社会主义？哪有中华民族伟大复兴？所以说，中国共产党的领导是历史发展的必然，是中国人民的选择。1840 年鸦片战争以后，近代中国遭受帝国主义列强侵略，腐朽的封建专制政权日益走向没落，中国逐步沦为半殖民地半封建社会，战争频仍、民不聊生，国家濒临灭亡边缘。从此，争取民族独立和人民解放、实现国家富强和人民富裕成为近代以来我国面临的两大历史任务。救亡图存成为中华儿女共同心愿的“最大公约数”，无数仁人志士前赴后继进行道路的探索和方案的尝试。但是，无论是农民阶级还是地主阶级，无论是资产阶级改良派还是革命派，都未能改变旧中国的社会性质和中国人民的悲惨命运。1921 年中国共产党诞生，中国革命有了主心骨，革命面目焕然一新。中国共产党以马克思列宁主义为指导，充分依靠占全国人口绝大多数的农民，团结带领人

① 《马克思恩格斯选集》第二卷，人民出版社 1995 年版，第 611 页。
② 《毛泽东选集》第二卷，人民出版社 1991 年版，第 651 页。
③ 《邓小平文选》第二卷，人民出版社 1994 年版，第 358 页。
④ 《习近平谈治国理政》第二卷，外文出版社 2017 年版，第 20 页。

民经过艰苦卓绝的土地革命战争、抗日战争、解放战争，推翻了压在中国人民头上的“三座大山”，建立了人民民主专政的新中国，彻底结束了近代以来中国内忧外患、积贫积弱、一盘散沙的悲惨命运，开启了中华民族发展进步的新纪元。

新中国成立后，面对一穷二白、百废待兴的局面，面对人口众多、经济基础薄弱的国情，面对帝国主义的敌视与封锁，中国共产党审时度势、科学决策，团结带领全国人民艰苦奋斗，完成社会主义革命，确立社会主义基本制度，推进社会主义建设，建立了独立的比较完整的工业体系和国民经济体系，实现了中华民族有史以来最为广泛而深刻的社会变革，为当代中国的一切发展奠定根本制度基础和物质基础。改革开放以来，我们党果断纠正“文化大革命”的错误，坚持以经济建设为中心、坚持四项基本原则、坚持改革开放，成功开创了中国特色社会主义道路，使中国大踏步赶上时代，生产力发展水平不断提升，综合国力日益增强，人民生活水平极大提高。

党的十八大以来，中国特色社会主义进入新时代。面对复杂多变的国际形势和繁重艰巨的国内改革发展任务，以习近平同志为核心的党中央举旗亮剑、锐意进取，统筹推进“五位一体”总体布局，协调推进“四个全面”战略布局，解决了许多长期想解决而没有解决的难题，办成了许多过去想办而没有办成的大事，党和国家事业发生历史性变革，取得历史性成就，谱写了新时代中国特色社会主义新篇章。党的十九大擘画了实现中华民族伟大复兴的宏伟蓝图，提出到本世纪中叶把我国建成富强民主文明和谐美丽的社会主义现代化强国的宏伟目标。党的十九大以来，在以习近平同志为核心的党中央坚强领导下，全党全国人民众志成城，战胜了前进道路上的各种艰难险阻。特别是 2020 年，新冠肺炎疫情暴发，世界经济陷入第二次世界大战结束以来最严重的衰退，一些国家遏制打压全面升级，但是，在党中央的坚强领导和英明决策下，我们率先控制疫情、率先复工复产、率先实现经济增长由负转正，成为全球唯一实现经济正增长的主要经济体，同时还如期实现脱贫攻坚目标，改革开放实现重大突破，民生得到有力保障，交出了一份人民满意、世界瞩目的答卷，彰显了中国共产党的强大执政能力和中国特色社会主义制度的巨大优势。正如习近平总书记所指出的：“抗疫斗争伟大实践再次证明，中国共产党所具有的无比坚强的领导力，是风雨来袭时中国人民最可靠的主心骨。”①

（二）中国共产党的领导是实现民族复兴的根本保证

“两个大局”是对我国发展历史方位和世界坐标的精准定位。实现中华民族伟大复兴，是近代以来中国历史发展的主线，是中国共产党人肩负的历史使命。世界百年未有之大变局反映的是中国共产党宽广的历史视野和博大的全球胸襟。放眼世界，随着科学技术的突飞猛进，以及一大批新兴经济体和发展中国家的群体性崛起，经济全球化、世界多极化、文化多样化、社会信息化深入发展，以西方为中心的国际秩序正在发生着历史性变革。世界百年未有之大变局是实现中华民族伟大复兴的重要外部环境，为中国全面参与经济全球化并提升国际影响力和话语权提供了历史契机；中华民族伟大复兴是世界百年未有之大变局的重要推动力量，为世界经济发展、国际格局演变和完善提供了重要动能。“世界之于中国”和“中国之于世界”交相辉映，共同构成新时代中国发展面临的最重大的时代背景。

新发展阶段是我们当前的战略支点。根据党的十九届五中全会精神，2021 年起我国进入新发展阶段。新发展阶段，是在全面建成小康社会、实现第一个百年奋斗目标之后，全面建设社会主义现代化国家、向第二个百年奋斗目标进军的发展阶段。新发展阶段的任务是全面建成社会主义现代化强国，这正是实现中华民族伟大复兴的一个根本标志和核心内容。所以，进入新发展阶段、完成新发展阶段的目标任务对于实现中华民族伟大复兴具有决定性意义。但是，新发展阶段面临新的发展环境和新的发展难度。一方面，今后一个时期我们将面对更多逆风逆水

① 习近平：《在全国抗击新冠肺炎疫情表彰大会上的讲话》，人民出版社 2020 年版，第 17 页。

的外部环境。国际秩序的大发展、大变革、大调整，必然涉及国际权力、利益和规则的再分配、再调整，其间必然充满矛盾、分歧和斗争，进而给世界带来诸多不确定性不稳定性因素。新冠肺炎疫情全球大流行的影响和后果广泛深远，经济全球化遭遇逆流，民粹主义、单边主义、霸权主义等对世界和平与发展构成威胁，世界进入动荡变革期。另一方面，当前和今后一个时期是我国各类矛盾和风险易发期，各种可以预见和难以预见的风险因素明显增多。可以说，站在新发展阶段，我们面临着改革开放以来发展环境最为严峻复杂、安全风险最多最大的困难和挑战。

沧海横流方显英雄本色。新发展阶段，我们要全面建成社会主义现代化强国，实现中华民族伟大复兴，根本保证是坚持党的领导。一是共产党领导决定着举旗定向的问题。马克思主义是科学的理论，是我们立党立国的指导思想。近百年来，正是因为对马克思主义的坚定信仰，我们党才能够摆脱以往一切政治力量追求自身利益的局限，以唯物辩证的科学思维和无私无畏的博大胸怀领导和推动中国革命、建设和改革取得伟大成就。中华民族要实现伟大复兴，更不能背弃或放弃马克思主义，否则就是背弃和放弃了党和国家的灵魂，就会迷失方向。二是共产党领导决定和体现了中国特色社会主义的性质和方向。中国特色社会主义道路是实现社会主义现代化的必由之路，是创造人民美好生活的必由之路。中国特色社会主义是社会主义，不是别的什么主义，究其根本，在于中国共产党的领导。坚持党的领导，是坚持中国特色社会主义不变色、不变质的根本保证。三是共产党领导是中国特色社会主义制度的最大优势。我国国家制度和治理体系具有多方面的显著优势，其中，党的领导是首要的、起决定性作用的，离开党的领导，其他方面的制度优势都无法真正转化为治理效能。

二、中国共产党的成功秘诀

中国共产党成立 100 年来，为什么能领导中国人民创造“两个奇迹”？历史和人民为什么选择了中国共产党？科学回答这一问题，对于始终坚持中国共产党领导具有非常重要的意义。

（一）始终坚持以马克思主义为指导

习近平总书记指出：“中国共产党之所以能够完成近代以来各种政治力量不可能完成的艰巨任务，就在于始终把马克思主义这一科学理论作为自己的行动指南，并坚持在实践中不断丰富和发展马克思主义。”[①]马克思主义科学揭示了人类社会发展客观规律，为人类社会发展指明了正确方向与道路。中国共产党不仅是在马克思列宁主义指导下建立起来的，而且把马克思列宁主义基本原理同中国革命、建设、改革的实践紧密结合起来，不断推进马克思主义的中国化、时代化，先后创立了毛泽东思想、邓小平理论、“三个代表”重要思想、科学发展观、习近平新时代中国特色社会主义思想，实现了党的指导思想的与时俱进。

无论是顺境还是逆境，中国共产党从未动摇对马克思主义的信仰。新中国刚刚成立时，针对中国应该选择何种社会制度社会上出现不同看法，但我们党坚定认为中国一定要进入社会主义。改革开放初期，改革成为共识，但往哪儿改、改什么存在争论，对此，我们党明确提出无论是对内搞活经济还是对外开放，都必须在社会主义原则下进行，否则就可能改向，就可能变色。正是因为始终坚持科学理论的指导，中国共产党才能够在关键时刻举旗定向，保证中国特色社会主义事业江山永固、基业长青。正是因为始终坚持科学理论的指导，中国共产党才能够及时洞察和把握社会发展大趋势，始终“站在历史正确的一边”，才能够掌握正确思维方法，不断增强决策的战略性、前瞻性和科学性，才能够为中国人民认识和改造世界提供强大思想武器，使中国人民精神上由被动变为主动。习近平新时代中国特色社会主义思想是当代中国马克思主义，是 21 世纪马克思主义，再一次引领了当代中国的时代潮流和前进方向，为全党全国人民实现中华民族伟大复兴提供了行动指南。

---

① 《习近平谈治国理政》第二卷，外文出版社 2017 年版，第 33 页。

（二）始终坚持以人民为中心的根本政治立场

习近平总书记始终强调，人民对美好生活的向往就是党的奋斗目标。作为中国工人阶级先锋队，中国人民和中华民族的先锋队，中国共产党始终代表中国最广大人民的根本利益，党的根本宗旨就是全心全意为人民服务。马克思主义创始人在《共产党宣言》中庄严宣告："过去的一切运动都是少数人的或者为少数人谋利益的运动。无产阶级的运动是绝大多数人的，为绝大多数人谋利益的独立运动。"① 代表多数人还是少数人，是马克思主义政党与其他政党的根本区别；没有自己的特殊利益，是中国共产党区别于人类历史上一切其他政党的独特属性。中国共产党坚持历史唯物主义，视人民为历史发展进步的根本动力，把群众路线作为党的根本工作路线，将保障人民国家主人地位、实现人民根本利益作为制定方针政策的出发点和落脚点，以马不停蹄、只争朝夕的状态朝着中华民族伟大复兴的目标不断奋进，走完了发达国家用上百年甚至几百年才走完的路。

习近平总书记指出："谁把人民放在心上，人民就把谁放在心上。"② 民心是最大的政治。坚持人民至上根本立场的中国共产党也始终得到人民的拥护和支持。"最后一碗米送去做军粮，最后一尺布送去做军装，最后一件老棉袄盖在担架上，最后一个亲骨肉送去上战场。"战争年代面对国民党反动派疯狂围剿的严峻局面，毛泽东气定神闲地说："真正的铜墙铁壁是什么？是群众，是千百万真心实意地拥护革命的群众。这是真正的铜墙铁壁，什么力量也打不破的，完全打不破的。"③ 革命战争年代，人民群众毫无保留地支持和拥护中国共产党。今天，人民群众依然毫无保留地拥护支持中国共产党，这是共产党执政的最大底气。中国共产党从只有 50 多名党员发展成为今天拥有 9 100

---

① 《共产党宣言》，人民出版社 1964 年版，第 33 页。

② 习近平：《在庆祝中国人民解放军建军 90 周年大会上的讲话》，人民出版社 2017 年版，第 11 页。

③ 《毛泽东选集》第一卷，人民出版社 1991 年版，第 139 页。

多万名党员，成为在世界上人口最多的国家长期执政的世界第一大党，根本原因在于我们党来自人民、为了人民，人民也始终把党作为自己根本利益的忠实代表，始终拥护党的领导。正如习近平总书记所指出的："中国共产党根基在人民、血脉在人民。党团结带领人民进行革命、建设、改革，根本目的是为了让人民过上好日子，无论面临多大挑战和压力，无论付出多大牺牲和代价，这一点都始终不渝、毫不动摇。"①

（三）始终保持上下贯通、执行有力的组织体系

党的力量来自组织。严密的组织体系是马克思主义政党的优势所在、力量所在。马克思、恩格斯强调，无产阶级政党必须成为一个统一的整体。列宁指出："无产阶级在争取政权的斗争中，除了组织，没有别的武器。"② 毛泽东指出："一个政党要引导革命到胜利，必须依靠自己政治路线的正确和组织上的巩固。"③ 中国共产党按照民主集中制的原则，建立了包括党的中央组织、地方组织、基层组织在内的严密组织体系。其中，党中央是大脑和中枢，负责制定党的大政方针，具有定于一尊、一锤定音的权威；党的地方组织确保党中央决策部署贯彻落实，并将基层组织和党员的意见建议反馈到党中央；党的基层组织负责把党中央和上级党委的决策部署贯彻落实到基层，并负责收集、反映党员群众的意见建议。我们党现在有 468 万多个基层党组织分布在全国各地，他们在党和国家的建设中发挥着重要作用。

正是因为组织体系严密有力，我们党才具有强大战斗力。严密的组织体系可以让党中央的大政方针和决策部署及时地、不折不扣地贯彻落实到基层，可以使党的组织和党员深深植根于人民，这是世界上其他任何政党都不具有的强大优势。党的十八大以来，我们党和国家事业取得历史性成就、发生历史性变革，一个重要原因就是基于这样上下贯通、

---

① 习近平：《坚持人民至上　不断造福人民　把以人民为中心的发展思想落实到各项决策部署和实际工作之中》，《人民日报》2020 年 5 月 23 日。

② 《列宁全集》第八卷，人民出版社 2017 年版，第 415 页。

③ 《毛泽东选集》第一卷，人民出版社 1991 年版，第 303 页。

执行有力的组织体系，党中央的决策部署得到不折不扣的贯彻落实。未来，要继续增强“四个意识”、坚定“四个自信”、做到“两个维护”，及时解决贯彻落实党中央决策部署中的“拦路虎”“中梗阻”“断头路”等问题，充分发挥党的严密组织体系的巨大优势，为加强党中央集中统一领导提供有力支撑。

（四）始终坚定不移推进自我革命

“打铁必须自身硬”。中国共产党是一个大无畏的革命党，在推进民族复兴伟大社会革命的实践中，不断推进党的自我革命，坚定不移全面从严治党，解决自身存在的问题，从而使党始终保持先进性和纯洁性，永远走在时代前列。我们党始终强调理想信念教育，重视理论学习，不断提高党践行初心与使命、长期执政的能力；不断检视、纠正与党的性质宗旨不一致、与人民根本利益不相符的思想和行为，始终保持一切为了人民、一切依靠人民的政党本色；坚决整治形式主义、官僚主义、享乐主义和奢靡之风等不正之风，树立清正廉洁、求真务实的优良作风，始终保持同人民群众的血肉联系；坚持反腐永远在路上，割除党的肌体上的毒瘤；等等。制度体制上，中国共产党要实现对党和国家事业的全面领导，要长期执政，面临的最大挑战就是对权力的监督。党的十八大以来，党中央从改革党的纪律检查体制出招破局、统领牵引，党的十九大后建立国家监察委员会，深化国家监察体制改革，逐步构建起党统一指挥、全面覆盖、权威高效的监督体系，探索出一条党在长期执政条件下制度化的自我监督与净化之路。正是因为党具有勇于自我革命的品格，才能破除思想观念的禁锢和利益固化的藩篱，才能以改革创新的精神推动社会革命，取得一系列伟大成就，也才能赢得亿万中国人民的真心拥戴和支持。

理论和实践都证明，中国共产党能带领中国人民取得巨大成就、创造“中国奇迹”绝非偶然，而是因为她有这样一系列优秀特质。当然，这些特质并不限于上述四个方面。比如干部培养选拔机制。中国共产党历来重视干部队伍建设，习近平总书记提出“信念坚定、为民服务、勤政务实、敢于担当、清正廉洁”[①] 的好干部标准，特别强调干部要忠诚、干净、担当。我们党在干部培养、选拔、使用、管理等方面已经树立一系列科学理念，形成一整套制度机制，有力保障了党的凝聚力和生机活力。又如始终严明纪律规矩。中国共产党不仅有着健全的纪律规矩，还能严格执行纪律规矩。党的十八大以来，党中央修订和制定一系列重要党内法规，为确保党始终处于中国特色社会主义事业的坚强领导核心提供了制度保障。此外还有强大的领导能力，等等。正是因为有了这些特质、这些秘诀，中国共产党才成为始终走在时代前列、人民衷心拥护、勇于自我革命、经得起各种风浪考验、朝气蓬勃的马克思主义执政党。

三、坚决做到“两个维护”

历史是最好的教科书。近代以来中国的发展历程有力证明：没有中国共产党就没有社会主义的新中国，就没有中国特色社会主义道路的开创和发展，就没有新时代中国特色社会主义的开启。如今，站在迈向全面建成社会主义现代化强国、实现中华民族伟大复兴的新征程新起点，中国共产党的坚强领导仍然是我们实现伟大中国梦的根本保证。坚持和加强党的领导，最大的政治要求和最高原则，就是坚决维护习近平总书记党中央的核心、全党的核心地位，坚决维护党中央权威和集中统一领导，这是坚持党的领导的核心要义。

（一）“两个维护”的政治内涵与实践逻辑

要准确把握“两个维护”的政治内涵。习近平总书记作为党中央的核心、全党的核心，是在伟大斗争中形成的，是众望所归、名副其实、当之无愧。维护习近平总书记核心地位，就是维护党中央权威和集中统一领导；维护党中央权威和集中统一领导，首先要维护习近平

① 《习近平谈治国理政》第一卷，外文出版社 2018 年版，第 412 页。

总书记核心地位。“两个维护”与民主集中制“四个服从”重要原则在本质上是一致的，是新时代对民主集中制的科学运用，维护核心越坚决，坚持民主集中制的优势就越显现；强调“两个维护”的根本目的是更好地推动党中央决策部署落实落地，让人民群众有更多获得感，因此必须坚持对上负责与对下负责、对领导负责与对群众负责的高度统一。“两个维护”是坚持和加强党的全面领导的内在要求，是最重要的政治纪律和政治规矩。广大党员干部要以高度的政治自觉和行动自觉，坚定不移践行“两个维护”。

“两个维护”有着深刻的历史逻辑和实践逻辑，做到“两个维护”具有重大理论和现实意义。一是马克思主义政党建设的重大原则。马克思、恩格斯在无产阶级政党建设理论和实践中，始终强调权威的必要性和重要性，坚决反对无政府主义倾向。做到“两个维护”是马克思主义政党建设的根本要求。二是中国共产党历史经验和独特优势的深刻总结。一部中国共产党历史，就是一部形成并维护党中央权威和集中统一领导的历史。在党成立早期，由于没有形成成熟的党中央，党的事业几经挫折。遵义会议确定了毛泽东在红军和党中央的领导地位，党开始形成坚强的领导核心，此后，党和人民的事业才不断从胜利走向胜利。三是长期执政条件下推进党的自身建设的迫切需要。作为一个长期执政的大党，如何保持党的团结统一、如何保持党的创造力、凝聚力、战斗力是一个重大课题。习近平总书记指出：“在国家治理体系的大棋局中，党中央是坐镇中军帐的‘帅’，车马炮各展其长，一盘棋大局分明。如果中国出现了各自为政、一盘散沙的局面，不仅我们确定的目标不能实现，而且必定会产生灾难性后果。”① 只有全党有核心、党中央有权威，才能把全党的智慧和力量凝聚起来，步调一致地向前进；也只有坚决维护党的团结统一，才能把党建设得更加坚强有力。四是新时代坚持和发展中国特色社会主义的根本保证。进入新发展阶段，我们面临的矛盾问

① 中共中央文献研究室：《习近平关于社会主义政治建设论述摘编》，中央文献出版社 2017 年版，第 31 页。

题和风险挑战前所未有，只有做到“两个维护”，才能有效应对风险挑战，有力化解矛盾问题，不断战胜艰难险阻，顺利完成伟大历史使命。

延伸阅读

维护党中央权威和集中统一领导是马克思主义政党的重要原则

1871 年 3 月 18 日，法国工人举行起义，推翻了资产阶级反动统治，建立了世界上第一个无产阶级政权。但巴黎公社仅仅存在了 72 天，就遭到反动势力的联合绞杀。为什么巴黎公社存在那么短的时间就失败了？原因有很多，其中很重要的一条，就是没有形成统一的领导核心。当时巴黎公社委员会每逢开会时，都实行会议主席的临时推选制，规定每个委员都可以根据自己的职权发号施令，导致革命力量松散混乱、各行其是，最终使公社政权遭受覆灭。后来恩格斯深刻指出：“巴黎公社遭到灭亡，就是由于缺乏集中和权威。”

（《沧海横流显砥柱——党的领导制度体系为何摆在首位》，《人民日报》2020 年 8 月 4 日。）

（二）“两个维护”的制度保障

坚持党的领导，首先是坚持党中央权威和集中统一领导，这是党的领导的最高原则，任何时候任何情况下都不能含糊、不能动摇。党的十九大报告把党的政治建设摆在全面从严治党的首位，强调保证全党服从中央，坚持党中央权威和集中统一领导是党的政治建设的首要任务。党的十九届四中全会明确将完善坚定维护党中央权威和集中统一领导的各项制度，作为坚持和完善党的领导制度体系的重要内容。这些决策部署是对全党践行“两个维护”的实践总结，更是始终做好“两个维护”的行动指南。

近年来，我们党陆续制定或修订了《关于新形势下党内政治生活的若干准则》《中国共产党党内监督条例》《中共中央关于加强党的政治建设的意见》《中共中央政治局关于加强和维护党中央集中统一领导的若干规定》《中国共产党重大事项请示报告条例》《中国共产党地方委员会工作条例》《中国共产党党组工作条例》《中国共产党中央委员会工作条例》等重要党内法规，为坚持和加强党的全面领导，坚定维护党中央权威和集中统一领导提供了坚强制度保障。同时，党中央还作出一系列重大制度性安排，从而有效保证了全党在思想上、政治上、行动上同以习近平同志为核心的党中央保持高度一致。例如，2021 年 1 月 7 日，中共中央政治局常委会召开会议，听取全国人大常委会、国务院、全国政协、最高人民法院、最高人民检察院党组工作汇报，听取中央书记处工作报告，并对新的一年工作提出明确要求。这项制度性安排从 2015 年开始，已经实施了 7 次，对于维护党中央权威和集中统一领导意义重大，对于全党起到十分重要的示范作用。再如，2020 年 5 月中旬开始，十九届中央第五轮巡视 15 个巡视组，对 35 个中央和国家机关单位党组织开展常规巡视，进行全面“政治体检”。中央和国家机关离党中央最近，服务党中央最直接，在党和国家政治架构和组织体系中处于中枢位置，是践行“两个维护”的第一方阵。此次巡视聚焦这些“中字头”“国字号”，目的就是要督促中央单位坚定政治立场、坚决履行职责使命，确保党中央政令畅通、令行禁止。

（三）坚决做到“两个维护”的实践指南

“两个维护”是党的十八大以来我们党的重大政治成果和宝贵经验，是我们党最重要的政治纪律和政治规矩。能否坚决做到“两个维护”，是检验共产党人理想信念、政治立场与能力的试金石。站在新发展阶段，面对复杂形势和艰巨任务，我们要深刻把握“国之大者”，自觉同以习近平同志为核心的党中央保持高度一致，不折不扣抓好党中央决策部署和政策措施落实，保持战略定力、坚定必胜信念、增强行动自觉，就一定能够形成在危机中育新机、与变局中开新局的磅礴力量。

1. 夯实“两个维护”的思想根基

政治上的坚定源于理论上的清醒，思想上的追随是最坚定的追随，思想上的看齐是最根本的看齐。马克思主义是共产党人的思想之魂。

习近平新时代中国特色社会主义思想是当代中国马克思主义，是21世纪马克思主义，是与马克思列宁主义、毛泽东思想、邓小平理论、“三个代表”重要思想、科学发展观一脉相承又发展创新的科学理论，是我们实现中华民族伟大复兴的思想武器和行动指南。党的十八大以来，党和国家事业之所以取得历史性成就、发生历史性变革，最根本的是有习近平总书记领航掌舵，有以习近平同志为核心的党中央的坚强领导，有习近平新时代中国特色社会主义思想的科学指引。因此，学深悟透习近平新时代中国特色社会主义思想，并与实践相结合，是坚决做到“两个维护”的前提条件。

一要学深悟透。学之愈深、信之愈真、行之愈笃。要把深入学习贯彻习近平新时代中国特色社会主义思想作为首要政治任务和长期战略任务，要全面系统地学、及时跟进地学、深入思考地学、联系实际地学，要融会贯通其核心要义、精神实质、丰富内涵、实践要求，从而廓清思想迷雾、澄清模糊认识、坚定理想信念，切实做到学、思、用贯通，知、信、行统一。

二要结合实践。习近平新时代中国特色社会主义思想源于实践，又具有强大的实践指导性，无论是对大趋势的把握、对矛盾问题的分析，还是对事业布局的谋划、对重要工作的部署、对各种困难挑战的斗争，都具有很强的战略性、思想性和指导性。广大党员干部在学习习近平新时代中国特色社会主义思想的过程中，一定要把自己摆进去，把工作摆进去，深刻领会蕴含其中的马克思主义立场、观点和方法，不断锤炼科学思维，增强全局驾驭能力和对问题把控能力，增强工作的科学性、预见性和创造性。

2. 强化“两个维护”的行动自觉

“两个维护”不是空洞的口号，而是有着丰富的实践性。党员干部要做到“两个维护”，关键看行动，最终看效果。“两个维护”根本上讲就是要做到对党忠诚，体现为对党的信仰的忠诚、对党组织的忠诚和对党的理论和路线方针政策的忠诚。对党忠诚体现在实际工作中，就是要严守党的政治纪律和政治规矩，做到党中央提倡的坚决响应、党中央决定的坚决照办、党中央禁止的坚决杜绝，真正在思想上政治上行动上同以习近平同志为核心的党中央保持高度一致。

一要做到对标对表。广大党员干部，特别是领导干部、一把手做工作，首先要自觉同党的基本理论、基本路线、基本方略对标对表，要同习近平总书记的重要指示和党中央决策部署对标对表，提高政治站位，把准政治方向，坚定政治立场，明确政治态度，严守政治纪律，坚定坚决、不折不扣地贯彻执行，决不能慢半拍、讲条件、打折扣、搞变通，更不能出现有令不行、有禁不止的问题，以坚定的态度和有力的举措确保党中央的各项决策部署落地、落实。要把贯彻落实习近平总书记重要指示和党中央决策部署作为首要政治责任、政治任务、政治纪律来抓，实行清单式管理、项目化推进、集约化考核，形成传达学习、贯彻落实、督促检查和结果反馈的全流程工作链条，确保件件有落实、事事见成效。

二要勇于善于斗争。在大是大非面前能不能亮剑，在紧要关头敢不敢斗争，是“两个维护”的重要考验。第一，对曲解“两个维护”的现象和行为要旗帜鲜明作斗争。根据《中国共产党章程》及有关规定，中央以下的各级党组织，包括基层党委和党支部，是领导集体发挥核心领导作用，不是党委或支部其中一名成员要发挥核心作用，更不存在以个人为核心的情况。现实中，有的地方和党员干部在讲到维护党的核心、维护党中央权威时或牵强附会，或别有用心把这个逻辑层层传下去，出现级级树核心、层层提权威现象，这是极端错误的，也是极端有害的。还有的地方和党员干部搞两面派，嘴上喊“两个维护”，实际上却是阳奉阴违，甚至搞“低级红”“高级黑”。这种行为比那些明目张胆违反“两个维护”的更具欺骗性和危害性，要引起足够警惕。广大党员干部一定要提高政治鉴别力，勇于斗争，决不允许各种误读、曲解“两个维护”的现象和行为在党内有藏身之地。第二，对妄议的要坚决斗争。“妄议是通过捏造和歪曲事实来发泄私愤、蛊惑人心，其实质是削弱党的权威和领导地位，破坏党的集中统一，扰乱来之不易的大好局面。”[①] 妄议行为既会阻碍中央大政方针和决策部署的贯彻落实，也会破坏党的形象和党群干群关系。对待这类行为，广大党员干部必须摆明立场，正本清源，旗帜鲜明开展斗争。第三，对于对标对表不及时、不精准的要勇于纠正。在贯彻执行党中央决策部署过程中，如果对标对表不及时、不精准，就会出现偏差，不及时纠正和修复，就可能影响全局，甚至出现战略性、颠覆性错误。对此，广大党员干部要以强大的政治勇气和智慧及时加以纠偏，使其回到正确轨道上来，避免党和国家事业遭受损失。第四，对于缺位逃避的要敢于批评较真。面对贯彻执行中央决策部署中出现的敷衍应付、不敢担当作为、临阵脱逃等问题，广大党员干部要挺身而出，第一时间提出意见和建议，以坚定的政治自觉、正确的处理方式、过硬的能力水平做到“两个维护”。

三要知行合一，真抓实干。真抓实干，干就干好，是坚决做到“两个维护”的必然要求。要有大局意识。广大党员干部要跳出小我格局，把个人理想抱负融入党的事业发展中，坚持在全局中定位、在大局下行动。要掌握实情、报告实情。不摸实情、不讲真话是“两个维护”的大敌。实践中遇到问题并不可怕，可怕的是看不到问题，找不到症结，更可怕的是为了一己私利，不愿报实情、讲真话，或者麻木不仁、熟视无睹，或者捂着盖着、“击鼓传锅”。广大党员干部要发扬党的实事求是优良作风，履行重大事项请示报告制度要求，遇到重大问题及时全面客观地向党组织报告。只有如实报告、及时报告，才能为上级组织乃至党中央科学决策提供可靠依据，为干好工作争取主动。要扬长避短、抓细抓实。党员干部要强化忧患意识和底线思维，时刻保持如履薄冰的谨慎和见叶知秋的敏锐，把补短板、强弱项摆在突出位置，下好先手棋、打好主动仗，把问题解决在萌芽之时，把风险化解在成灾之前。党员干部要把工作当作事业干，切忌泛泛提要求、大而化之抓落实，要沉下心、扑下身，发扬钉钉子精神，稳扎稳打、精益求精，把工作做好、做到位，锤炼经得起历史和人民检验的精品力作。

---

① 余谓之：《着力提高“两个维护”的能力》，《学习时报》2020 年 3 月 2 日。

第二节　始终坚持中国特色社会主义制度

制度问题是带有根本性、全局性、稳定性、长期性的问题。只有深刻体悟中国特色社会主义制度的形成与发展过程，才能懂得“中国之治”的来之不易；只有深刻把握中国特色社会主义制度的显著优势，才能坚定走好中国特色社会主义道路的自信；只有守正创新，才能成功应对实现中华民族伟大复兴进程中的风险挑战。

一、中国特色社会主义制度是中国实践的伟大成果

习近平总书记指出：“中国特色社会主义制度和国家治理体系不是从天上掉下来的，而是在中国社会土壤中生长起来的，是经过革命、建设、改革长期时间形成的，是马克思主义基本原理同中国具体实际相结合的产物。”① 中国特色社会主义制度不是简单套用马克思主义经典作家设想的模板，不是其他国家社会主义实践的再版，它是在我国历史传承、文化传统、经济社会发展的基础上长期发展、渐进改进、内生性演化的结果，是伴随着中国特色社会主义道路的初步探索、成功开辟、不断推进和完善发展而逐步孕育形成的，具有鲜明的中国特色和显著的治理优势。

从大历史角度审视，从鸦片战争引发的中国几千年封建专制制度“摇摇欲坠”到中国特色社会主义制度的成熟定型，大致分为两个阶段。以新中国成立为节点，第一个阶段是以社会主义为指向的百年求索，第二个阶段是立足中国国情、彰显中国特色的社会主义制度的发展完善。在人类制度文明史上，中华民族曾经创造了灿烂的制度文明，成为世界

---

① 习近平：《坚持和完善中国特色社会主义制度　推进国家治理体系和治理能力现代化》，《求是》2020 年第 1 期。

上许多国家效仿的典范，包括王朝制度、郡县制度、土地制度、赋税制度、科举制度等。但是，近代以后，中国的发展逐渐落后于时代潮流，在西方列强的侵略下，沦为半殖民地半封建社会。为了挽救民族危亡，不同阶层的仁人志士开始积极探索，其间也尝试了君主立宪制、议会制、多党制、总统制等多种制度模式，但都以失败告终，没能解决中国的前途与命运问题。中国共产党自成立之日起，就把建立社会主义制度作为矢志不渝的追求，在局部执政的革命根据地进行了“工农兵代表大会制度”“三三制”的制度探索。

新中国成立后，党领导人民确立了社会主义基本制度，明确了我们的国体和政体，建立了人民代表大会制度、中国共产党领导的多党合作政治协商制度、民族区域自治制度等，构筑起国家制度体系的“四梁八柱”，为国家发展奠定了根本的政治前提和制度基础。改革开放以后，我们党在总结制度建设正反两方面经验的基础上，把社会主义制度的一般性与中国国情的特殊性相结合，立破并举，对关系社会主义性质的根本制度旗帜鲜明地坚持与巩固，比如，重新确立党的思想路线，提出坚持四项基本原则、坚持和完善人民代表大会制度、坚持党对军队的绝对领导等；对不适应社会生产力发展的体制机制进行大刀阔斧的改革，比如，从有计划的商品经济到建立和完善社会主义市场经济体制，改革党和国家领导制度，建立基层群众自治制度等。这样的制度建设，一方面确保我国社会主义建设始终沿着正确的方向前进，另一方面极大激发了社会活力，推动中国改革开放大步向前。

党的十八大以来，中国特色社会主义进入新时代，对制度建设提出新要求，更多的是解决深层次体制机制问题，对改革的系统性、整体性、协同性要求更高。党的十八届三中全会将全面深化改革的总目标确定为完善和发展中国特色社会主义制度，推进国家治理体系和治理能力现代化，部署了制度建设的主要任务与着力点，使中国特色社会主义制度和国家治理体系在革除体制机制弊端的过程中不断走向成熟。党的十九届四中全会通过《中共中央关于坚持和完善中国特色社会主义制度 推进国家治理体系和治理能力现代化若干重大问题的决定》，总结了我国国家制度和治理体系具有的显著优势，描绘了坚持和完善中国特色社会主义制度的宏伟蓝图，解决了中国特色社会主义制度要坚持和巩固什么、发展和完善什么的重大问题。两次全会一以贯之，可谓是新时代制度建设的“上下篇”，共同为实现中华民族伟大复兴提供了坚强制度保障。

二、中国特色社会主义制度具有无与伦比的显著优势

制度竞争是国家间最根本的竞争，制度优势是一个国家的最大优势。中国特色社会主义制度是具有鲜明中国特色、明显制度优势、强大自我完善能力的先进制度。党的十九届四中全会将我国国家制度和国家治理体系所具有的显著优势概括为13个方面，这是中国之治的制度密码，也是我们坚定“四个自信”的基本依据。

（一）中国特色社会主义制度的显著优势

我国国家制度和国家治理体系具有的多方面显著优势主要是：坚持党的集中统一领导，坚持党的科学理论，保持政治稳定，确保国家始终沿着社会主义方向前进的显著优势；坚持人民当家作主，发展社会主义民主，密切联系群众，紧紧依靠人民推动国家发展的显著优势；坚持全面依法治国，建设社会主义法治国家，切实保障社会公平正义和人民权利的显著优势；坚持全国一盘棋，调动各方面积极性，集中力量办大事的显著优势；坚持各民族一律平等，铸牢中华民族共同体意识，实现共同团结奋斗、共同繁荣发展的显著优势；坚持公有制为主体、多种所有制经济共同发展和按劳分配为主体、多种分配方式并存，把社会主义制度和市场经济有机结合起来，不断解放和发展社会生产力的显著优势；坚持共同的理想信念、价值理念、道德观念，弘扬中华优秀传统文化、革命文化、社会主义先进文化，促进全体人民在思想上精神上紧紧团结在一起的显著优势；坚持以人民为中心的发展思想，不断保障和改善民生、增进人民福祉，走共同富裕道路的显著优势；坚持改革创新、与时

俱进，善于自我完善、自我发展，使社会始终充满生机活力的显著优势；坚持德才兼备、选贤任能，聚天下英才而用之，培养造就更多优秀人才的显著优势；坚持党指挥枪，确保人民军队绝对忠诚于党和人民，有力保障国家主权、安全、发展利益的显著优势；坚持“一国两制”，保持香港、澳门长期繁荣稳定，促进祖国和平统一的显著优势；坚持独立自主和对外开放相统一，积极参与全球治理，为人类构建命运共同体不断作出贡献的显著优势。

这 13 个方面的显著优势是一个有机统一体，既涵盖范围广泛，又层次清晰、逻辑鲜明，其中“坚持党的集中统一领导”是最大优势，统领并贯穿其他 12 个方面的显著优势。习近平总书记指出：“中国最大的国情就是中国共产党的领导。什么是中国特色？这就是中国特色。中国共产党领导的制度是我们自己的，不是从哪里克隆来的，也不是亦步亦趋效仿别人的。”[①] 与其他国家制度不同，中国共产党既扮演着长期执政的政权角色，又肩负着全面领导的社会使命，把执掌政权与领导社会内在地结合起来，为中国特色社会主义制度发挥显著优势提供了巨大的实践空间。所以，党的领导既是中国特色社会主义制度的核心内容，又是中国特色社会主义制度的构建主体。一方面，中国特色社会主义制度是一个严密完整的科学制度体系，起四梁八柱作用的是根本制度、基本制度、重要制度，其中党的领导制度居于统领地位，党的领导制度是我国根本领导制度。另一方面，中国特色社会主义制度其他方面的显著优势都是在党的领导下形成的：我们党领导和支持人民当家作主，发展人民民主；我们党始终在宪法法律范围内活动，坚持全面依法治国；我们党坚持全国一盘棋，充分调动各方面的积极性，统筹协调，集中力量办大事……因为有了党的全面领导，中国特色社会主义制度才能最大限度地发挥优势。

① 习近平：《中国共产党领导是中国特色社会主义最本质的特征》，《求是》2020 年第 14 期。

（二）中国特色社会主义制度显著优势的密码解读

中国特色社会主义制度是党领导人民在革命、建设、改革的伟大实践中形成的科学制度体系，是中国特色社会主义道路的制度成果，也是保障中国特色社会主义继续前行发展的制度保障。中国特色社会主义制度之所以具有强大生命力和巨大优越性，是因为它以马克思主义为根本指导，扎根于中国深厚的历史文化土壤，植根于中国特色社会主义伟大实践，借鉴世界其他国家的优秀文明成果。

1. 中国特色社会主义制度是以马克思主义为指导的制度①

马克思主义作为中国特色社会主义制度的指导理论，从科学性、人民性、实践性和开放性四个方面形塑了中国特色社会主义制度。第一，马克思主义理论深刻揭示了人类社会发展的普遍真理，不仅是伟大的认识工具，而且是有力的思想武器，指导中国共产党领导中国人民取得革命、建设、改革的伟大成就，并在这一过程中形成了中国特色社会主义制度，为中国特色社会主义制度建设提供了科学的方法论指南。第二，马克思主义是人民的理论，具有坚定的人民立场，认为国家制度是“人民的自我规定”，是“人民自己的作品”。中国特色社会主义制度坚持以马克思主义为指导，始终坚持国家制度是人民意志的体现，在坚持和完善中国特色社会主义制度过程中始终坚持“以人民为中心”的发展思想，最大限度实现好、维护好和发展好最广大人民的根本利益。第三，实践的观点是马克思主义的首要的基本的观点。在马克思主义指导下，中国特色社会主义制度来源于中国特色社会主义的长期实践，未来，还要随着中国特色社会主义事业的发展而不断发展完善。第四，马克思主义是开放的理论，具有与时俱进的鲜明品格。这就决定了以马克思主义为指导的中国特色社会主义制度也是一个动态变化、不断完善的过程。

2. 中国特色社会主义制度具有深刻的历史逻辑与实践逻辑

中国特色社会主义制度扎根于中国深厚的历史文化土壤。我国几千

① 王虎学：《中国特色社会主义制度是以马克思主义为指导的制度》，《学习时报》2020 年 8 月 12 日。

年历史演进，孕育并形成了关于国家制度和治理的丰富思想，比如，“六合同风、九州共贯”的一统观念，“民为邦本、本固邦宁”的民本思想，“德主刑辅、明德慎罚”的礼教制度，还有“代天巡狩、整肃纲纪”的巡察体系，等等。这些都是历史留下的宝贵资源，为中国特色社会主义制度和国家治理体系的发展完善提供了重要镜鉴。中国特色社会主义制度植根于中国特色社会主义的伟大实践。我们是在社会生产力发展不充分、经济基础薄弱，地区之间、城乡之间发展不平衡，人口众多的国家建设社会主义，我们是在波谲云诡的国际环境中建设社会主义，时刻面临着一些资本主义国家的封锁围堵和遏制打压……正是在这样复杂而艰难的国情与环境下，中国共产党领导中国人民成功开创了中国特色社会主义道路，形成了中国特色社会主义制度，从而铸就了中国特色社会主义制度的强大生命力和巨大优越性。中国特色社会主义制度成长于对世界其他国家文明成果的兼容并蓄。新中国成立后，通过学习苏联的经济建设经验，我们在较短时间内完成了社会主义改造，确立了社会主义制度，开展了大规模建设，巩固了新生的人民政权；改革开放后，我国发展社会主义市场经济，通过学习西方国家的某些先进做法，如建立资本市场、推行股份制改革等，推动了我国经济的跨越式发展。

（三）显著优势铸就“两大奇迹”

党的十九届四中全会把新中国70多年来发展的伟大成就概括为“两大奇迹”，即“世所罕见的经济快速发展奇迹和社会长期稳定奇迹”。“两大奇迹”的取得，既是中国共产党带领全国人民不懈奋斗的结果，也是我国国家制度和国家治理体系显著优势得到充分发挥的结果。新中国成立至今，我们从白手起家到赶超世界，从落后于时代到赶上时代再到引领时代，用几十年时间走完了发达国家几百年走过的发展历程。我们创造了举世瞩目的发展成就，建成了世界上最完备的工业体系，跃居世界第二大经济体，成为世界制造业第一大国、货物贸易第一大国、外汇储备第一大国。2020年我国国内生产总值首次突破100万亿元，连续多年对世界经济增长的贡献率达到30%左右。我们成为全球最早实现联合国千年发展目标中减贫目标的发展中国家，2020年底实现消除农村绝对贫困的目标。同时，我国政治、文化、社会、生态文明等各个领域都取得伟大成就。我们比历史上任何时期都更接近中华民族伟大复兴的目标，比历史上任何时期都更有信心和能力实现这个目标。

这些发展成就的取得是各方面因素共同作用的结果，但制度因素是第一位的，是根本性的。这个制度因素、制度优越性用一句话概括，就是在社会经济发展过程中，把保障人民权利与集中国家权力统一起来。保障权利，就是赋予广大人民群众应有的政治、经济、社会权利，从而调动人民的积极性、主动性和创造性，为国家工业化、现代化的进行提供巨大动力。农村家庭联产承包责任制就是很好的例证。集中权力，就是赋予政府集中资源推动发展和在经济社会发展中发挥组织协调作用的能力，通过集中民智、民力，实现国家经济的战略性发展，使工业化和现代化建设更有效率。党的领导是国家权力集中的制度体现。

延伸阅读

"中国之治"的一大优势——五年计划（规划）

习近平总书记指出："用五年规划引领经济社会发展，是我们党治国理政的一个重要方式。"新中国成立以来，从"一五"计划到"十四五"规划，时间跨越近70年，对于推进经济社会发展发挥了重要作用。新中国成立后，从1953年至1957年，我们组织实施了第一个五年计划，初步奠定了中国工业化基础。改革开放以来实施的8个五年计划（规划），把党提出的"三步走"发展战略、"两个一百年"奋斗目标阶段性落实，通过"六五""七五"计划解决了温饱问题，通过"八五""九五"计划实现了总体小康，通过"十五"计划至"十三五"规划即将胜利实现全面小康。党的十九届五中全会审议通过了《中共中央关于制定国民经济和社会发展第十四个五年规划和二〇三五年远景目标的建议》，为我们在新发展阶段全面建设社会主义现代化国家开好局、走好第一步做好了战略谋划。

作为党治国理政的一个重要方式，五年计划（规划）随着实践的发展也逐渐发展为一种科学成熟的制度机制，它是社会主义市场经济体制下指引经济社会发展方向、擘画国家发展蓝图、确定重大目标项目、引导市场主体行为的纲领性文件。五年计划（规划）是党的主张转化为国家意志的重要桥梁，是保障党的路线方针政策落到实处的重要抓手。它从根本上避免了西方国家因政党轮替而频繁出现的“短视政治”，成为“中国之治”的一大优势和“中国之治”的重要密码。

（曹普：《“中国之治”的一大优势》，《北京日报》2020 年 11 月 9 日；王文：《编制和实施五年规划是我们党治国理政的重要方式》，《红旗文稿》2020 年第 23 期。）

在经济飞速发展的同时，我们还保持了社会安定有序、人民安居乐业的大好局面。联合国有关机构数据显示，我国每 10 万人中命案发生数不到 1 起，低于德国、英国、澳大利亚、加拿大、美国等西方发达国家，在世界主要国家中处于极低水平。[①] 放眼全球，经济快速发展与社会保持稳定两者之间既有同向同步的实现逻辑，也存在互相冲突的发展张力。有的国家在经济快速发展的同时或之后就陷入了群体冲突、社会动荡，或民族对抗、国家撕裂的泥潭。在当今这种局部冲突不断、恐怖袭击和个人极端事件频发的大背景下，我国作为一个拥有 14 亿多人口、幅员辽阔的发展中大国，能够在经济社会快速发展变革的过程中保持总体稳定，可谓独一无二。

中国能够在经济飞速发展同时保持社会大局长期稳定，根本秘诀还是制度。从微观社会治理制度角度讲，我们拥有强有力的领导体制和自上而下的组织体系，构建起“横向到边、纵向到底”的社会治理网络，确保整个社会大局平稳可控。从宏观国家政治制度看，我国实行工人阶级领导、以工农联盟为基础的人民民主专政的国体，实行人民代表大会制度的政体，实行中国共产党领导的多党合作和政治协商制度、民族区域自治制度和基层群众自治制度。这样一套制度安排，能够保证人民享

① 《喜看稻菽千重浪——中国特色社会主义制度为什么好》，《人民日报》2020 年 8 月 4 日。

有广泛、真实的权利和自由，保证人民广泛参与国家治理和社会治理；能够有效调节国家政治关系，发展充满活力的政党关系、民族关系、宗教关系、阶层关系、海内外同胞关系，增强民族凝聚力，形成安定团结的政治局面；能够集中力量办大事，促进社会生产力发展，促进人民生活质量不断提高；能够有效维护国家独立自主，有力维护国家主权、安全、发展利益，维护中国人民和中华民族的福祉。

三、在坚定制度自信中守正创新

习近平总书记强调："我们全面深化改革，不是因为中国特色社会主义制度不好，而是要使它更好；我们说坚定制度自信，不是要固步自封，而是要不断革除体制机制弊端，让我们的制度成熟而持久。"① 实践中，要把坚定制度自信与不断改革创新统一起来，努力做到守正创新，推动中国特色社会主义制度不断发展完善，永葆生机活力。

（一）坚定制度自信

制度自信，简言之，就是对自己国家社会制度的认同、坚守和捍卫。习近平总书记指出："中国特色社会主义政治制度之所以行得通、有生命力、有效率，就是因为它是从中国的社会土壤中生长起来的。"② 这段论述同样适用于中国特色社会主义制度，根植于中国土壤的中国特色社会主义制度在实践中日渐显示出其显著的制度优势和强大的治理效能。探索形成一个好的制度不容易，我们要坚定制度自信，毫不动摇地坚持和巩固中国特色社会主义制度。

一要始终坚定正确方向。在我国国家制度体系中，很多制度都冠以"社会主义"的前缀，比如社会主义民主政治、社会主义市场经济、社会主义先进文化等，这里的"社会主义"不是可有可无的，而是规定了

---

① 中共中央文献研究室：《习近平关于社会主义政治建设论述摘编》，中央文献出版社 2017 年版，第 8 页。

② 同上，第 12 页。

这些制度的根本方向和性质。我们要坚定制度自信，首先要坚定社会主义方向，坚定党的领导，坚定马克思主义指导地位，在推进制度建设过程中，始终坚定社会主义方向，决不能在根本问题上犯颠覆性错误。

二要严格遵照制度体系。中国特色社会主义制度已经形成一个严密、完整、科学的制度体系，其中，起四梁八柱作用的是中国特色社会主义根本制度、基本制度、重要制度，它们构筑起国家制度体系和治理体系的总体框架。这三类制度从不同层次，围绕内政外交国防、治党治国治军，对党和国家各方面事业做出制度安排，是中国特色社会主义制度的“总纲”。各级各地在制定政策措施、部署工作事项的过程中，必须自觉遵照这些制度。

三要保持强大制度定力。社会主义制度从一诞生，就处在与资本主义制度的比较和斗争中。这就出现两种情况，一方面是国际上有些人对中国特色社会主义制度不甚了解，甚至存在有意歪曲抹黑；另一方面是国内一些人有不自信的问题，总觉得“外国的月亮比中国的圆”。随着中国的发展壮大，可以预见，未来两种制度的竞争将会更加深刻激烈。这种情况下，我们必须坚定制度自信，保持战略定力，不仅自己要笃定中国特色社会主义制度不动摇，而且要明辨是非、激浊扬清，讲清楚中国特色社会主义制度的内在机理与显著优势，让世界更好、更全面地了解中国制度。

（二）与时俱进完善和发展

制度更加成熟定型是一个动态过程，治理能力现代化也是一个动态过程，不可能一蹴而就，也不可能一劳永逸。制度因应社会现实需要而产生，也要随着社会发展变化不断改革完善。中国特色社会主义制度具有强大的自我完善能力。党的十九大报告擘画了坚持和完善中国特色社会主义制度、推进国家治理体系和治理能力现代化的总体目标，提出从2020年到本世纪中叶分两个阶段实施的战略步骤，即到2035年“各方面制度更加完善，国家治理体系和治理能力现代化基本实现”；到本世纪中叶“实现国家治理体系和治理能力现代化”。党的十九届四中全会进一步完善了总体目标，提出中国特色社会主义制度现代化的具体“时间表”和“路线图”，即到建党一百年时，在各方面制度更加成熟更加定型上取得明显成效；到2035年，各方面制度更加完善，基本实现国家治理体系和治理能力现代化；到本世纪中叶新中国成立一百年时，全面实现国家治理体系和治理能现代化，使中国特色社会主义制度更加巩固、优越性充分展现。

立足这样的战略安排，我们首先要从理论上正确理解完善和发展中国特色社会主义制度与推进国家治理体系和治理能力现代化的关系。习近平总书记指出：“这里面有一个前一句和后一句的关系问题。前一句，规定了根本方向，我们的方向就是中国特色社会主义道路，而不是其他什么道路……后一句，规定了在根本方向指引下完善和发展中国特色社会主义制度的鲜明指向。”[①] 习近平总书记的论述既让我们明白了改革的方向，也明白了改革的具体要求，是两点论与重点论的统一。其次要正确理解国家治理体系与国家治理能力的关系。习近平总书记指出：“国家治理体系和治理能力是一个有机整体，相辅相成，有了好的国家治理体系才能提高治理能力，提高国家治理能力才能充分发挥国家治理体系的效能。”[②] 我们要明白，没有有效的治理能力，再好的制度也难以发挥作用。我们也要明白，不是国家治理体系越完善，国家治理能力就自然而然越强。推进制度建设的过程中，必须把国家治理体系和治理能力现代化统筹谋划、一体推进，既要重视制度的作用，也要重视人的作用，既要加强治理体系建设，也要加强治理能力建设，在加强制度体系建设与完善的同时，必须不断提高各级党员干部的能力素质，全面增强执政本领。

具体地说，发展和完善中国特色社会主义制度，一要补短板，围绕中国特色社会主义事业发展，填补一些领域制度缺乏与不足的短板，使我国的制度体系更加完备；二要强效能，伴随党和国家事业的发展进

① 中共中央党史和文献研究室：《习近平关于总体国家安全观论述摘编》，中央文献出版社2018年版，第24页。

② 《习近平谈治国理政》第一卷，外文出版社2018年版，第91页。

步，适应经济社会的发展变化，要对很多既有制度进行升级改造，不断推出性能更优的新版本，以发挥制度的更大作用；三要保持制度实效，要及时废止和清理那些严重滞后于形势发展、与宪法或相关法律法规相抵触、不利于社会主义现代化发展的制度，增强制度实效。

（三）强化制度遵守和执行

制度的生命力在于执行，制度执行是将制度优势转化为治理效能的必须环节。制度执行也是检验制度自信的试金石，是发展和完善制度的实践基础。各级党委政府和广大党员干部要切实强化制度意识，带头维护制度权威，严格执行制度，作制度执行的表率。

1. 党员干部要自觉作制度执行的表率

一要切实增强对制度治理重要性的认识。思想是行动的先导。广大党员干部要提高制度执行力、做制度执行的表率，首先要充分认识制度治理的重要性。长期以来，在实际工作中，有些领导干部习惯于政策式治理与运动式治理，对于系统有效的制度治理重要性的认识还不够充分。政策式治理的优点是灵活，但它一般都是针对某个或某类事件，属于被动反应式治理，不仅政策之间缺乏统筹协调，而且也难以具有预先的防范性。运动式治理可以针对具体问题发挥集中力量办大事的优势，但是自上而下的运动式治理容易使基层为了在期限内完成任务而忽略其他配套措施的跟进和相关问题的解决，从而造成资源浪费或者引发其他问题。制度治理是更为根本有效的治理方式，政策式治理与运动式治理只有在制度治理的大框架下才能更好发挥作用。中国特色社会主义进入新时代，各种风险挑战更加复杂多变，改革的系统性、联动性越来越强，制度建设与制度治理的重要性更加凸显。广大党员干部切实增强对制度治理重要性的认识，是提升制度执行力的根本。

二要系统提升制度执行的能力本领。要深入学习，涵养制度思维。党员干部要以身作则、率先垂范，带头学习研究制度，熟知制度内容，领会制度精神，做制度上的明白人。要深刻把握中国特色社会主义制度形成的历史逻辑、理论逻辑和实践逻辑，真正从内心深处增强制度认同，形成将自身行动与制度对标的思想自觉和行动自觉。要加强实践锻炼，提高制度效能。坚持把改革发展主战场、社会治理最前沿作为提升制度执行力的最好课堂，主动到基层一线、艰苦地区、吃劲岗位磨砺打拼；加强干部交流，通过多岗位、多层面、多领域的经验积累，提升党员干部精准把握制度、统筹运用制度、有效落实制度的能力与本领。

三要把坚定制度自信贯穿到自觉执行制度的实践中。当今世界正处于百年未有之大变局，大时代与新时代、总态势与新趋势叠加交织，这就决定了两条道路、两种制度的较量必然长期存在，而且日益尖锐复杂。为此，我们要把贯彻执行制度与维护和捍卫制度有机结合起来，坚定制度自信，守住制度红线，绝不允许任何形式的践踏、违背、篡改制度的行为，坚定制度方向，坚守制度定力。

2. 建立健全推进制度落实的有效机制

一是在干部选拔任用中强化制度执行的鲜明导向。对干部的最大激励，是坚持正确的选人用人导向。要把制度执行力和治理能力作为干部选拔任用、考核评价的重要依据，重点看遵守制度的坚定性、落实制度的创新性和执行制度的实效性，从而引导党员干部把更多功夫与精力用在学习制度、落实制度上。

二是建立健全制度执行监督机制。长期以来，我国是一个人情社会，人们的法治意识、制度意识不强，制度执行中存在消极性执行、选择性执行、抵抗性执行和变通性执行等执行偏差问题，制约和影响了制度目标的实现与制度优势的发挥。强化制度执行力，更为根本的是构建全覆盖的制度执行监督机制，通过监督推动制度执行、助力制度的发展完善。具体而言：在监督体系建设方面，要在国家和各级地方监察委员会中设立专门的制度执行督察机构，建立自上而下的统一督察体系，专司制度执行督察职责；要推动纪律、监察、派驻和巡视监督有效贯通，构建多元有力的制度执行监督体系；在监督内容方面要强化政治监督；在监督方式方面做好常态监督与专项监督相结合；在监督效果方面要健全制度执行问责机制。

三要健全鼓励担当的容错保护机制。提升制度执行力和治理能力，不仅需要党员干部的制度自觉与勇于担当，也需要健全完善激励保护机制，让党员干部在执行制度时消除顾虑、轻装上阵。要对照“三个区分开来”要求，正确对待党员干部在实际工作中创造性落实制度、敢于先行先试，以及在制度没有明确规定情况下积极探索造成的失误，该宽容的大胆容错，保护党员干部担当作为、干事创业的积极性。

延伸阅读

抗疫斗争彰显中国制度优势

新冠肺炎疫情是百年来全球发生的最严重的传染病大流行，给世界各国经济社会发展造成严重冲击，也考验着各国的国家治理。在这次抗疫斗争中，我们党所具有的无比坚强的领导力，是风雨来袭时中国人民最可靠的主心骨。我国社会主义制度具有的非凡组织动员能力、统筹协调能力、贯彻执行能力，有力彰显了我国国家制度和国家治理体系的优越性。

我们党无比坚强的领导力，体现为党中央统揽全局、果断决策，以非常之举应对非常之事。我们党坚持把人民生命安全和身体健康放在第一位，实施集中统一领导，中央政治局常委会、中央政治局召开 21 次会议研究决策，因时因势制定重大战略策略。我们党成立中央应对疫情工作领导小组，派出中央指导组，建立国务院联防联控机制，我们党果断作出关闭离汉离鄂通道，实施史无前例的严格管控，以非常之举应对非常之事。正是在党中央的坚强领导下，全国迅速形成统一指挥、全面覆盖、立体防控的战略布局，有效遏制了疫情大面积蔓延，最大限度保护了人民生命安全和身体健康。

这次抗疫斗争充分彰显了中国制度的优越性。一是非凡的组织动员能力。在党中央的坚强领导下，我们充分发挥制度优势，迅速组织动员起各方面的力量，国有企业、公立医院勇挑重担，460 多万个基层党组织冲锋陷阵，400 多万名社区工作者在全国 65 万个城乡社区日夜值守，各类民营企业、民办医院、慈善机构等积极出力，广大党员、干部带头拼搏……依靠非凡的组织动员能力，我们在短时间内把数量庞大、构成多元的社会群体团结凝聚起来，形成万众一心、同甘共苦的团结伟力。二是非凡的统筹协调能力。在党中央的坚强领导下，19个省（区、市）对口帮扶除武汉以外的16个市（州），最优秀的人员、最急需的资源、最先进的设备千里驰援，在最短时间内实现了医疗资源和物资供应从紧缺向动态平衡的跨越式提升。在抗疫形势最严峻的时候，经济社会发展不少方面一度按下“暂停键”，随着疫情形势变化，我们党又及时作出统筹疫情防控和经济社会发展的重大决策，最大限度保障人民生产生活，充分展现了社会主义制度的统筹协调能力。三是非凡的贯彻执行能力。在这次抗疫斗争中，各级党组织和广大党员、干部坚决贯彻以习近平同志为核心的党中央的决策部署，54万名湖北省和武汉市医务人员率先打响了疫情防控遭遇战，346支国家医疗队、4万多名医务人员毅然奔赴前线，我们用10多天时间先后建成火神山医院和雷神山医院，大规模改建16座方舱医院……各地各部门认真贯彻执行党中央工作部署，各级党委和政府积极作为、主动担责。依靠非凡的贯彻执行能力，我们不仅最大限度保护了人民生命安全和身体健康，我国也成为疫情发生以来第一个恢复增长的主要经济体。

（房宁：《抗疫斗争彰显中国制度优势》，《人民日报》2020年9月17日。）

第三章

旗帜鲜明讲政治的根本：严以律己

讲政治必须严以律己。中央政治局的同志必须修身律己，慎终如始，时刻自重自省自警自励，做到慎独慎初慎微慎友。要像珍惜生命一样珍惜自己的节操，做一个一尘不染的人。要带头廉洁治家，带头反对特权。

——习近平总书记在中共中央政治局 2020 年 12 月召开的民主生活会上的讲话

儒家经典《论语》讲："君子务本，本立而道生。"这里的"道"就是由"本"而生的道德观念在生活中的实际应用。只要把修身这个"本"、这个基础打牢靠了，事事严以律己，就会实现"身修而后家齐，家齐而后国治，国治而后天下平"。在修齐治平中，严以律己是根本，是第一位的。对个体而言，严以律己讲的是德性，只要内在的根本确立了，就会战胜个人贪欲，得以安身立命于社会；对党员干部而言，严以律己讲的是党性，只有这个内在的根本牢靠了，才能战胜一己之私，在实际工作中才会严以用权、廉洁用权。因此，对党员干部来讲，能否做到严以律己，所关乎的就不单单是个人的得失荣辱，而是关乎党的形象和事业的兴衰成败。从这个意义上讲，严以律己不仅是做人、做事的基础和根本，更是党员干部讲政治的根本。

严以律己，要求党员干部要养成政治自觉，主动树立政治意识。政治上的主动是最有利的主动，政治上的被动是最危险的被动。《论语》讲："其身正，不令而行；其身不正，虽令不从。"只要党员干部严以律己，自身正，率先讲政治，就算不发布政令，事情也行得通；如果自身行为失当，做不到严以律己，纵然三令五申，政令也难施行。因此，党员干部要养成政治自觉，主动增强政治意识，做严以律己的表率。严以律己，要求党员干部要养成行动自觉，主动扛起政治责任。《论语》讲："上好礼，则民易使也。"党员干部如果能以身作则、按规矩做事，群众就会听从他的指挥。因此，只有党员干部率先垂范讲政治，才能上行而下效，带动身边的人坚持用党中央精神分析形势、推动工作，始终同党中央保持高度一致。严以律己，要求党员干部要养成生活自觉，既要管好自己，也要在廉洁治家上作出表率。领导干部的家风，不仅事关自己的家庭，更事关党风政风。《孟子》讲："人有恒言，皆曰，'天下国家。'天下之本在国，国之本在家，家之本在身。"这里讲的就是天下的基础是国，国的基础是家，而家的基础则是自身。严以律己，不仅要修身律己，更要带头廉洁齐家，从严管好家属子女和身边工作人员。

第一节　严以律己要坚守“四自”诀

习近平总书记指出：“成为好干部，就要不断改造主观世界、加强党性修养、加强品格陶冶。要时刻用党章、用共产党员标准要求自己，要有‘与人不求备，检身若不及’的精神，时刻自重自省自警自励，努力做到‘心不动于微利之诱，目不眩于五色之惑’，老老实实做人，踏踏实实干事，清清白白为官。”[①] 在这里，习近平总书记抓住了党员干部成长规律的关键。一名共产党员、一名领导干部是否真正做到修身律己，要看他的主观性方面，是否具有共产主义远大理想，是否坚持全心全意为人民服务的根本宗旨，是否做到吃苦在前、享受在后，是否始终勤奋工作、廉洁奉公……一切的关键就在于是否加强了主观世界的改造。传统的修身律己的路径也一样，都是努力做到自重自省自警自励，从自身的内在性修养入手。这是好干部成长的内因，是内在的动力之源。

一、党员干部要时刻自重

习近平总书记在第十八届中央纪律检查委员会第七次全体会议上指出的“怀德自重”，是对广大党员干部永葆共产党人政治本色的谆谆教诲。在旗帜鲜明讲政治的问题上，党员干部尤其是党的高级领导干部能否做到“怀德自重”，关键就在于能否做到爱惜“羽毛”，尊重自己的人格；谨言慎行，涵养自己的品德。时时、事事、处处修炼自己的政德，行出自珍、自爱、自尊、自重的人生境界。

---

① 《习近平谈治国理政》第一卷，外文出版社 2018 年版，第 417 页。

（一）何为自重

自重就是要做到自珍自爱，谨言慎行，尊重自己的人格。习近平总书记在 2019 年春季学期中央党校（国家行政学院）中青年干部培训班开班式的讲话中指出，干部要想行得端、走得正，就必须涵养道德操守，明礼诚信，怀德自重。中国的传统讲“山自重，不失之威峻；海自重，不失之雄浑；人自重，不失之尊严”。一个人唯有自重方能知耻，知耻而后方能无畏，临威而不生畏惧，面财而不动贪欲，见色而不起邪念。所以，自重而知耻是为人做官的重要前提和基础。

古人常谓“不自重者致辱，不自畏者招祸”[①]，自重自畏无疑切中了严以律己的关键，自取其辱恰从此来。羞辱也好，耻辱也罢，非外加也，皆从己来，人若不自重只会招致自辱。试想，如果自己都不自重，谁又会以你为重呢？很多事情以羞辱收场，多数时候都是由于自身的原因造成的，怪不得别人。在这个问题上，东汉的泰山太守应劭在《风俗通义・太原周党》中讲得非常透彻，他说：“今见辱者，必有以招之，身自取焉，何尤于人。”从这个意义上讲，道德上的蒙羞受辱、党纪政纪法纪上的处分刑罚，究其内在的原因，并非外部加之于其身，一切都是咎由自取。

（二）缘何自重

“重”以立“威”，方能赢得人的尊重。《论语》讲：“君子不重则不威；学则不固。”[②] 这里虽然谈的是君子，但自重则是对于每一个人的一种道德上的规约。对于个体而言，如果不自重、不庄重，没有原则底线，就没有威严，就会失去威仪，很容易被人瞧不起；对于组织而言，这个“威”不是威风八面、作威作福，而是党的威信、党的权威。党内的每一个人都有责任通过个体的言行为党的威信加分，自觉维护党的权

---

① 李叔同：《李叔同集》，东方出版社 2008 年版，第 209 页。
② 杨伯峻：《论语译注》，中华书局 2009 年版，第 6 页。

威，这也使是否自重的问题具有了政治性。

如果一名党员干部尤其是党的高级领导干部不能做到谨言慎行、自爱自重，就不单单是个体道德败坏的问题了，它会影响到党的作风和形象，是一个是否讲政治的大问题。习近平总书记讲了“几个有之”：在我们党内搞任人唯亲、排斥异己的有之，搞团团伙伙、拉帮结派的有之，搞匿名诬告、制造谣言的有之，搞收买人心、拉动选票的有之，搞封官许愿、弹冠相庆的有之，搞自行其是、阳奉阴违的有之，搞尾大不掉、妄议中央的也有之，如此等等。① 党内存在的一些问题及其所造成的政治影响就超出了个体的道德范畴，败坏的是党的作风，影响的是党的形象。因此，一个党员干部不自尊自重，所造成的危害就不是简单的个人没有威严，它所伤害的是党的威信，它所影响的是党中央的权威。从这个意义上讲，这些问题就上升到了政治的层面，造成的后果也就具有了政治性。习近平总书记讲：“我们党作为马克思主义政党，讲政治是突出的特点和优势。”② 如果我们共产党不讲政治还能叫共产党吗?因此，任何人都不能越过这条政治红线，越过了就要严肃追究其政治责任。所谓不越线、不越界、不僭越也就是传统文化所说的“知止”问题。清代文人申涵煜说：“不自重者致辱，不自畏者招祸。”人若做不到自珍自重，只会自取其辱，也一定会为自己的言行付出代价。

（三）如何做到自重

自重不单单是自己明于内，不是自己心里清楚就行，而是要达于外，要落实到具体工作中。就是在大是大非问题上，不要只是嘴上说得天花乱坠，关键在于行，务必要在行上见功夫，一定要在具体行动上践行心中之知，做到知行合一。在这个问题上，习近平总书记讲过，“一些政治上的两面人，装得很正，藏得很深，有很强的隐蔽性和迷惑性”③。“政治上的两面人”非常形象地描绘出个别人当面一套、背后一

---

①② 中共中央纪律检查委员会、中共中央文献研究室：《习近平关于党风廉政建设和反腐败斗争论述摘编》，中央文献出版社、中国方正出版社 2015 年版，第 50—51 页。

③ 习近平：《努力造就一支忠诚干净担当的高素质干部队伍》，《求是》2019 年第 2 期。

套，口头一套、行动一套的假把式。习近平总书记通过四种典型形象将“两面人”的虚伪丑恶嘴脸揭露得淋漓尽致：“人前会上信誓旦旦讲‘四个意识’、高调表态，而私下里却妄议中央、不贯彻党中央路线方针政策的人；口口声声坚定‘四个自信’、信仰马克思主义，而背后在大是大非问题上态度暧昧、立场不稳的人；高谈阔论国家前途命运，而背地里却一遇到个人名誉地位就牢骚满腹、怨恨组织的人；领导面前卑躬屈膝、阿谀奉承、溜须拍马，而在下属和群众面前却趾高气扬、盛气凌人、不可一世的人。”①

习近平总书记在北京大学考察期间，同北京大学的师生座谈时引用了《传习录》中的一句话：“知者行之始，行者知之成”。这句话一方面寄托了他对青年人的期望，另一方面也是对全体党员干部提出的要求。王阳明讲“知行合一”，说的是“知行原是两个字，说一个工夫……知之真切笃实处，便是行；行之明觉精察处，便是知”。② 知者行之始，行者知之成。圣学只一个功夫，知行不可分作两事。在我们党内，个别党员在人情事理、党性原则方面了然于胸，这叫“知”，只能称它为理论上的理解，“知者行之始”说的就是这个问题。我们领会了或懂得的一个道理，还仅仅是实践的开始。因此，这些理论上的理解还不能叫“真知”。“行者知之成”讲的是只有用了然于胸的道理、存于心中的党纪国法来指导规约自身的行动，把我们理论上的理解彻底贯彻到实践中，在行动上、在实践中真正做到自重，才能叫“真知”，这才是“知行合一”。否则，“知”不能引领“行”，“行”不能贯彻“知”，我们领会的道理、烂熟于胸的理论也只是“空谈”。这也是我们党为什么提出拒绝“空谈”、实干兴邦的重要原因。

延伸阅读

子罕辞宝

“宋人或得玉，献诸子罕，子罕弗受。献玉者曰：‘以示玉人，玉人

① 习近平：《努力造就一支忠诚干净担当的高素质干部队伍》，《求是》2019 年第 2 期。

② ［明］王守仁：《王文成公全书》第一卷，中华书局 2015 年版，第 253—254 页。

以为宝也，故敢献之。’子罕曰：‘我以不贪为宝，尔以玉为宝。若以与我，皆丧宝也，不若人有其宝。’”

有个宋国人想把一块美玉献给子罕，子罕不肯接受。献玉之人认为这块美玉是珍宝，而在子罕看来人世间最珍贵的是廉洁。这叫人各重其重，各宝其宝。

（杨伯峻：《春秋左传注》（修订本），中华书局2009年版，第1126页。）

二、党员干部要时刻自省

2008年，时任中央党校校长习近平强调：“做到干干净净干事，很重要的是要经常自我约束，经常自我反省。中华民族是一个高度注重克己修身的民族，在这方面我们的祖先留下了大量宝贵的思想遗产。”“各级领导干部都应当结合时代要求继承和发扬中华民族优秀文化传统。”[①]

（一）何为自省

自省即反省、内省，意思是自我省察、自我检查。自省的要义在于发挥人的内在性，通过发挥自身的主观能动性来检视自身的问题。前文所述“吾日三省吾身”，其中曾子从“忠”“信”“习”等内在性路径阐释了传统的自省观念。“曾子曰：‘吾日三省吾身：为人谋而不忠乎？与朋友交而不信乎？传不习乎？’”[②] 说的是人每天都要多次地自我反省，比如：替别人办事是否尽心竭力了呢？同朋友往来是否做到诚实守信了呢？师长传授我的学业是否做到复习了呢？

党员干部的自省则具有了更高的要求，这一更高的要求源自我们党的宗旨和理想。我们党是全心全意为人民服务的政党，这也使党员干部的自省上升到了讲政治的高度，具有了政治性的含义。“为人谋而不忠

① 习近平：《领导干部要认认真真学习 老老实实做人 干干净净干事》，《党政干部文摘》2008年第6期。

② 杨伯峻：《论语译注》，中华书局2009年版，第3页。

乎”的“忠”就不单单涉及替别人办事是否尽心竭力的问题，而是党员干部要时刻反省是否做到了忠于党的事业，是否做到了忠于人民的事业，是否做到了忠于共产主义远大理想。“与朋友交而不信乎”的“信”也超越了朋友间诚实交往的范畴，而是要时刻反省对待组织是否做到了诚实无欺，让组织放心；对待工作是否做到了踏实肯干，让百姓满意。“传不习乎”的“习”也不单单指熟习师长所授之业，而是我们的党员领导干部要时刻反省是否真正做到了爱读书读好书善读书，是否真正做到了善于学习、善于进步，是否真正做到了在习近平新时代中国特色社会主义思想的学思践悟中践行了真学、真思、真悟、真行。

2008年，时任中共中央政治局常委、中央书记处书记、国家副主席习近平在宁夏考察工作时强调：“在新的历史条件下，面对新情况新考验，各级领导干部一定要加强党性修养，干干净净干事，始终做到秉公用权、不以权谋私，依法用权、不假公济私，廉洁用权、不贪污腐败，始终保持共产党人的政治本色。”[①] 为此，他突出强调了党员领导干部一定要培养和树立“六种意识”：信仰意识、公仆意识、自省意识、敬畏意识、程序意识和民主意识。他不仅是这样说的，也是身体力行的。在河北，他深入调研的是农村、社区、企业和小商品市场；到了宁夏考察，他依旧深入的是农村、社区、企业和工业园区。习近平所言的自省意识，就是要做到“与人不求备，检身若不及”，就是要从人的内在性、从自身入手，时时想着自我约束，刻刻自我反省，处处心里装着群众。无论是在工作上还是在生活中，不能出了问题总想着责任外推，把责任都推给别人；不能只知道责备别人，而是要扪心自问，“以责人之心责己，则寡过；以恕己之心恕人，则全交”。更多的是要做到责任内揽，多省察自己身上的不足。如此，既留给他人空间，又通过自省促进自身的成长。自省意识不但是一种“严于律己、宽以待人”的人生境界，也是一种辩证地处理自己与他人关系的工作方法。

① 习近平：《领导干部要干干净净干事》，《人民日报》2008年4月11日。

（二）缘何自省

对于个体修为而言，外在性的约束他律必不可少，同时内在性的自省自律也不可或缺。如果单独从法纪政刑的路径去解决，恐难根除。因此，《论语》中讲“道之以政，齐之以刑，民免而无耻”，如果单单通过政令来治理，仅仅用刑法来规制，这些外在性的约束就可能使人为了规避因作奸犯科的惩罚而少去作恶。但是，对于人的内在的羞耻之心却没有增益。因此，传统文化同时找到了一条内在性的、内化的修为路径，就是“道之以德，齐之以礼，有耻且格”。① 一旦从人的内在性出发，通过道德的引导，用礼制去化育，就能收到“化被草木，赖及万方”的功效，这才能使人的羞耻之心建立起来，实现心悦而诚服。因此，王阳明在明正德十三年（1518 年）正月奉命进剿山贼时给弟子的信中写的“某向在横水，尝寄书仕德云：‘破山中贼易，破心中贼难。’区区剪除鼠窃，何足为异？若诸贤扫荡心腹之寇，以收廓清平定之功，此诚大丈夫不世之伟绩”。② 王阳明在这里提出的“心中贼”的问题，就找到了问题的内在性根源，一切问题看似存在于外界，实际上都在于自己之心被物欲所遮蔽。如何将这些“心中贼”一并从根儿上拔除，永不复起，就需要一番省察克己的功夫。

相对于党员干部而言，一旦“心中贼”无法破除，心性就会被物欲、金钱和美色等“恶臭”所绑架，导致人生观的扭曲，进而外化为行动，在为政用权时就会发生权力寻租的现象，如权钱交易、权色交易等。这也使自省的问题超出了个人修为的范畴，具有了政治性。在党员领导干部严以律己问题上，为什么要旗帜鲜明讲政治，也是出于这个原因。

习近平总书记指出：“作为共产党员，作为党的干部，只有一心为公，事事出于公心，才能有正确的是非观、义利观、权力观、事业观，

① 杨伯峻：《论语译注》，中华书局 2009 年版，第 11—12 页。

② ［明］王守仁：《王文成公全书》第一卷，中华书局 2015 年版，第 205 页。

才能把群众装在心里，才能坦荡做人、谨慎用权，才能光明正大、堂堂正正。”[①] 因此，在着力强化党员干部的外在性的他律、不断筑牢法治防线、完善权力监督与制约机制，把权力关进制度的笼子里的同时，也要唤醒党员领导干部的党章意识、纪律意识和规矩意识，通过内在性的自省来破除“心中贼”，只有做到一心为公，事事出于公心，才能从内和外两个路径使正确的是非观、义利观和事业观树立起来。因此，共产党人要做到坦荡为人、谨慎用权，同样离不开一个自己的“心”学。共产党人要修好自己的“心”学，同样离不开一个“心”字，就是要时刻把人民群众装在心里。

（三）如何做到自省

自省、修身、律己是做人的基础，而做人则是做官的前提。一个领导干部的作为和政绩，也往往取决于其自身的修为和境界。这也是《论语·为政》中讲的道理：“为政以德，譬如北辰，居其所而众星共之。”党员领导干部一旦荒芜了内心的修为，破除不了“心中贼”，私欲泛滥起来就会导致不可收拾的后果。

如何破除“心中贼”？习近平总书记以“三严三实”作为改进党员领导干部作风建设的突破口，并抓住严以修身这个问题的关键，从加强党性修养、坚定理想信念、提升道德境界和追求高尚情操四个方面搭建起党员领导干部严以修身的四梁八柱，进而明确阐述了修身立德的方法，指出做到干干净净干事，很重要的是要经常自我约束，经常自我反省。中华民族是一个高度注重克己修身的民族，在这方面我们的祖先留下了大量宝贵的思想财富。比如，“与人不求备，检身若不及”“吾日三省吾身”“见贤思齐焉，见不贤而内自省也”“祸莫大于不知足，咎莫大于欲得”等。这些思想在今天仍然具有现实的指导意义。“祸莫大于不知足，咎莫大于欲得”[②]，强调的是领导干部要通

---

① 中共中央文献研究室：《习近平关于全面从严治党论述摘编》，中央文献出版社 2016 年版，第 155 页。

② 陈鼓应：《老子注释及评介》，中华书局 2009 年版，第 238 页。

过自省荡涤自己的私心，管住自己的私欲，处理好公与私的关系。“我们的权力是党和人民赋予的，是为党和人民做事用的，姓公不姓私，只能用来为党分忧、为国干事、为民谋利。要正确行使权力，依法用权”，“秉公用权、廉洁用权”，“做到心有所畏、言有所戒、行有所止，处理好公和私、情和法、利和法的关系”。[①] 党员领导干部手中的权力是人民赋予的，这个权力“姓公”而不“姓私”，不能将人民赋予的权力服务于一己私利。

《论语·里仁》讲“见贤思齐焉，见不贤而内自省也”，实际上强调的就是我们要摒除骄傲自满、自鸣得意甚至自吹自擂的自我陶醉观念，要更深入地理解习近平总书记在第五批全国干部学习培训教材序言中提出的“善于学习，就是善于进步”。“见贤思齐”是要我们向有贤德的人去看齐，这是“善学”；反之，看到差的呢？差的也有差的价值。即便我们看到社会上假恶丑的现象，看到德行不好的情况，也在提醒我们要反省自身是不是有类似的问题，同样是“善学”。对于新时代中国共产党人的修身来说，无论是正面榜样还是反面教材，其警示和反省作用同样重要，这些都是修身自省的内在法门。“吾日三省吾身”，强调的是要通过经常性的反躬自省和自我批评，做到存正祛邪、洁身自好，以“善养吾浩然之气”[②] 来增强防腐拒变的“免疫力”。可以说，习近平总书记经常引用广大党员干部所熟悉而未真知的经典名言，创造性地实现了中华优秀传统文化的现代性转化，生动地背书了党员领导干部省察修身的认识论和方法论。

延伸阅读

闭阁思过

“延寿不得已，行县至高陵，民有昆弟相与讼田自言，延寿大伤之，

① 中共中央文献研究室：《十八大以来重要文献选编》（中），中央文献出版社 2016 年版，第 325 页。

② 杨伯峻：《孟子译注》，中华书局 2010 年版，第 56 页。

曰：'幸得备位，为郡表率，不能宣明教化，至令民有骨肉争讼，既伤风化，重使贤长吏、啬夫、三老、孝弟受其耻，咎在冯翊，当先退。'是日移病不听事，因入卧传舍，闭阁思过。"

韩延寿为西汉名臣，为官清正，上好礼义，下重教化，深受百姓爱戴。一次到高陵县巡视，碰到兄弟俩因为争田地而打官司。韩延寿深感惭愧，自己作为一郡之长，不能行教化之风，以致民众间发生骨肉争讼的事情。他把此事的责任揽在自己身上，独自一人呆在房间里，闭门思考自己的过错。告状的两兄弟得知此举，涕泪四流地赤身前往请罪。自此，郡中百姓也相互告诫劝勉，周边的二十四县都诚信和睦，不再有诉讼发生。今天的闭门思过也是此意。韩延寿的闭阁思过、自责自省的典故，对于今天的党员干部仍旧具有极大的启示意义。

（[汉] 班固：《汉书》（第十册），中华书局1962年版，第213页。）

三、党员干部要时刻自警

要做到廉洁自律、风清气正。要牢固树立正确的权力观、地位观、利益观，坚持自重、自省、自警、自励，带头遵守廉洁自律各项规定，坚决不搞特殊化，坚决不搞特权，坚决不搞不正之风，坚决不搞腐败。

（一）何为自警

段玉裁的《说文解字注》中注"警"为"言之戒也……大雅以敬为之"。从这个意义出发，自警也就是自我敬戒的意思。知道何事当止，做到自我警戒，警醒着不要去做；何事当戒，做到自我告诫，警惕着不可沾染。

在修身自警的问题上，中国古代形成了较为完整的一套传统。不仅有我们熟知的设谏官的讽谏制度，还有《诗经》所述的文讽制度。同时，这种自我警诫也深入日常生活，成为人们的一种生活方式。《论语》讲："君子有三戒：少之时，血气未定，戒之在色；及其壮也，血气方刚，戒之在斗；及其老也，血气既衰，戒之在得。”[①] 讲的就是君子应当时刻警惕戒备三件重要的事情：年轻时因为血气未定，要警戒切莫贪恋美色；到了壮年，正值血气旺盛，要警戒切莫好胜逞强；待到年老体弱，血气衰微，要警戒切莫贪得无厌。《毛诗传笺通释》以“敬”来解释“警”同样有警惕之意。《毛诗序》曰：“《抑》，卫武公刺厉王，亦以自警也。”[②] 虽然朱子撰文予以驳斥，但也无伤文意。从内容上看，《抑》文讲：“敬慎威仪，维民之则。其在于今，兴迷乱于政。颠覆厥德，荒湛于酒。”[③] 文中的老臣不满于君王沉湎酒色、昏庸无道，希望他当止则止、知警知慎，加强自身的修养。这就是一种诗文讽谏的方式，以诗文的方式日夜诵读于其侧，起到警醒的作用。《礼记·大学》讲“汤之盘铭曰：‘苟日新，日日新，又日新。’”通过这段文献，我们可以看到古代传统中的自警观念已经深入个体生活的方方面面，成为一种生活方式。文中所谓的“盘”，是沐浴用的器物，类似于今天的浴盆；“铭”就是浴盆上的铭文，这些铭文就是用以自警的言辞。由此，“盘铭”就使器物超越了单纯的物件的使用价值，进而赋予器物以文化的意义。将“苟日新，日日新，又日新”的铭文刻于沐浴之盘，说的就是时刻自警，不但洗净今天所沾染的污垢而自新，而且要天天这样做，做到“日日新，又日新”，不可有丝毫间断。这些传统文化中的自警思想，无论对于古代的君子王侯，还是今天的我们，具有同样的镜鉴意义。

（二）缘何自警

如果抛开无关宏旨的一些争论，依《毛诗》所述讽谏帝王自警之旨，上文述及的《诗经·大雅·抑》以及《诗经·荡》等文，为规劝厉王以自警，费尽了口舌和心机。然而周厉王却置若罔闻，在位期间不但征夷伐戎、战争不断、劳民伤财，还垄断山泽、与民争利，置民于水

---

① 杨伯峻：《论语译注》，中华书局2009年版，第187页。
② ［清］马瑞辰：《毛诗传笺通释》，中华书局1989年版，第946页。
③ ［清］马瑞辰：《毛诗传笺通释》，中华书局1989年版，第949页。

火，又用卫巫监谤、管制言论，防民之口，使国人道路以目……不知自警的极权者最后落得个被流放的下场。对于一般人而言，不能做到修身律己、自重自警不过是远离了圣学大道，招致个人道德上的污染；而对于执政者而言，则可能失去执政资格，厉王就是一面镜子。

“历史是最好的教科书，也是最好的清醒剂。”[①] 五千年的历史不是一种负担，而是可待我们挖掘的历史资源。要发挥中华民族厚重历史的作用，在历史中发掘我们今天可以使用的积极思想资源。以史为镜秉持的就是一种自警思路。中华民族历来强调以史为鉴，始终注重从历史深处汲取经验教训，以免重蹈覆辙。《唐书》记载，太宗谓群臣曰：“夫以铜为镜，可以正衣冠；以古为镜，可以知兴替；以人为镜，可以明得失。朕常保此三镜，以防己过。今魏征殂，犹一镜亡矣。”唐太宗之所以能够成就贞观之治，在于其善于自警，不仅将警示敬戒作为政治生活中的一种常态化的制度安排，在朝堂上下广泛地开展警示教育，而且自己率先垂范。正所谓上行而下效，在朝野营造了健康的政治生态，这无疑对成就贞观盛世起到了巨大的推动作用。

中国特色社会主义进入新时代，中国共产党人尤其要注重提高自警意识和自警能力。“进京赶考”之前，毛泽东以高瞻远瞩的自警意识告诫全党：“夺取全国胜利，这只是万里长征走完了第一步。”“中国的革命是伟大的，但革命以后的路程更长，工作更伟大，更艰苦。这一点现在就必须向党内讲明白，务必使同志们继续地保持谦虚、谨慎、不骄、不躁的作风，务必使同志们继续地保持艰苦奋斗的作风。”[②] 当今世界正处于百年未有之大变局，我们党领导的伟大斗争、伟大工程、伟大事业、伟大梦想正在如火如荼地进行。因此，改革发展稳定任务依然艰巨繁重。我们虽然面临着难得的历史机遇，但也同时面临着一系列重大风

① 习近平：《在纪念全民族抗战爆发七十七周年仪式上的讲话》，《人民日报》2014 年 7 月 8 日。

② 《毛泽东著作选读》（下册），人民出版社 1986 年版，第 667 页。

险考验。中国共产党人要“牢记历史经验、牢记历史教训、牢记历史警示”[①]，时刻自敲警钟，时刻自我告诫，时刻自我警醒，时刻准备迎接前进道路上越来越复杂的风险考验，增强“四个意识”，坚定“四个自信”，做到“两个维护”，在惊涛骇浪面前敢于出击，敢战能胜。

（三）如何做到自警

回顾我们党的成立、建立中华人民共和国、推行改革开放、推进新时代中国特色社会主义事业，都是在斗争中诞生、在斗争中发展、在斗争中壮大起来的。虽然我们建立了一个坚强的政党，走出了一条正确的道路，取得了伟大的成就，但是，我们仍旧要深刻地警醒。

1. 对于个体而言

在自警方面，相较于个体修养而言，中国传统的修养功夫更为强调“达道”，依存于“道”修养自身而成为人之大者，也就是我们常讲的要成为“大人”。百姓日用而不知，君子却不能不自警，“道”是须臾不可离的，时刻警醒自己切莫与大“道”失之交臂。孔子讲的“志于道，据于德，依于仁，游于艺”[②] 中的“志于道”就是这个意思。在据“德”而生的修养过程中，就需要个体在修为上“见善如不及，见不善如探汤”[③]。这里孔子讲的就是看见好的、善的，要努力追求，生怕赶不上；反之，碰到恶的，就要努力规避，就像手碰到开水赶忙缩回来一样。以此来譬喻在善与恶之间，个体应时刻持守自警意识和修养态度。

2. 对于党员干部而言

上述的自警意识和观念，对于今天的我们同样具有现实的指导意义。但是，仅仅是道德上的自警防线，对于党员干部来讲还不够。原因在于我们党的宗旨意识，“中国共产党是中国工人阶级的先锋队，同时

---

① 习近平：《牢记历史经验历史教训历史警示　为国家治理能力现代化提供有益借鉴》，《人民日报》2014 年 10 月 14 日。

② 杨伯峻：《论语译注》，中华书局 2009 年版，第 66 页。

③ 杨伯峻：《论语译注》，中华书局 2009 年版，第 175 页。

是中国人民和中华民族的先锋队，是中国特色社会主义事业的领导核心”。[①] 这就对共产党员的自警意识提出了更高的政治性要求：一是要时刻警醒自己不要在道德防线上失守；二是要把政治建设摆在首位，筑牢政治意识防线，自设政治高压线、自筑政治防火墙、自戴政治“紧箍咒”，严格恪守政治原则；三是要牢固树立法纪意识的自警防线，率先垂范遵守党纪国法，在生命线的意义上遵守政治纪律和政治规矩，增强自身抵御各种财色的物质性诱惑和低级腐朽的思想侵蚀能力，增强共产党人防腐拒变的政治能力。

3. 对于“国之大者”而言

习近平总书记指出，“今年是新中国成立70周年，我们党在全国执政也70年了。古人说：‘生于忧患，死于安乐。’我们党作为世界第一大党，没有什么外力能够打倒我们，能够打倒我们的只有我们自己。”[②] 在自警意识上，对于全党而言，我们一定要更具全局视野和忧患意识，理解习近平总书记提出的“国之大者”的深刻用意。要做到忧党、忧国、忧民，这不但是一种责任，更是一种担当；要时刻树立“生于忧患死于安乐”的自警意识，灾患足以使人保持一种忧患意识而求得生存，安逸享乐也足以使人在安乐窝里慢慢地走向死亡。

中华民族越是接近实现伟大复兴的目标，越是需要增强忧患意识，努力处理好发展和安全的关系，这就是事关国家发展全局、事关伟大事业全局、事关民族复兴全局的“国之大者”的问题。当今世界正经历百年未有之大变局，“全党要统筹中华民族伟大复兴战略全局和世界百年未有之大变局，深刻认识我国社会主要矛盾变化带来的新特征新要求，深刻认识错综复杂的国际环境带来的新矛盾新挑战，增强机遇意识和风险意识”[③]，牢固树立总体国家安全观，“处理好发展和安全的关系，有

---

① 本书编写组：《十九大党章修正案学习问答》，党建读物出版社2017年版，第1页。

② 习近平：《牢记初心使命，推进自我革命》，《求是》2019年第15期。

③ 《中国共产党第十九届中央委员会第五次全体会议文件汇编》，人民出版社2020年版，第6页。

效防范和应对可能影响现代化进程的系统性风险”①。每一个党员干部都要心系这个“国之大者”，时刻保持自警，在实际工作中积极探索实现国家安全的有效路径，把维护国家主权、安全和发展利益的主动权牢牢掌握在自己手中。

延伸阅读

卧薪尝胆

“吴既赦越，越王勾践反国，乃苦身焦思，置胆于坐，坐卧即仰胆，饮食亦尝胆也。”

勾践回到越国后，立志图强，伺机雪耻。他在房里挂了一只苦胆，坐卧饮食，每日必尝胆自警。历经十年励精图治，一举击败吴国。

（［汉］司马迁：《史记》（第五册），中华书局 1982 年版，第 739 页。）

四、党员干部要时刻自励

习近平总书记在全国组织工作会议上的讲话中指出：“干部的党性修养、思想觉悟、道德水平不会随着党龄的积累而自然提高，也不会随着职务的升迁而自然提高，而需要终生努力。”② 成为好干部，就要时刻自重自省自警自励，老老实实做人，踏踏实实干事，清清白白为官。

（一）何为自励

《王力古汉语字典》中释“励”为“勉励”的意思。《尚书·皋陶谟》中“惇叙九族，庶明励翼”说的是先要慎修己身，然后推及九族，紧接着庶众也就明其教理而知道自励了。由此可见，自励即为自我勉

① 《中国共产党第十九届中央委员会第五次全体会议文件汇编》，人民出版社 2020 年版，第 78 页。

② 中共中央文献研究室：《十八大以来重要文献选编》（上），中央文献出版社 2014 年版，第 341 页。

励、自我激励之意，都是通过激发内在动力，实现一种奋发有为的人生状态。

习近平总书记历来重视修齐传统对于“修政德”的重要意义，在《之江新语》中他提道：“我们国家历来讲究读书修身、从政以德。古人讲，‘修其心、治其身，而后可以为政于天下’。”“传统文化中，读书、修身、立德，不仅是立身之本，更是从政之基。按照今天的说法，就是要不断加强党员领导干部的思想道德修养和党性修养，常修为政之德、常思贪欲之害、常怀律己之心，自觉做到为政以德、为政以廉、为政以民。”① 《大学》八条目中的“修齐治平”是一个相对完整的修身途径。其中“修身”是第一起点，是齐家治国平天下的基础。因此，无论对于取仕从政，还是从事其他的任何工作，修身都是生命路径的第一开端，修养身心也就成为人安身立命的根本。

（二）缘何自励

中华民族历来是自励自强的民族，鲁迅先生讲：“我们从古以来，就有埋头苦干的人，有拼命硬干的人，有为民请命的人，有舍身求法的人……这就是中国的脊梁。”② 无数仁人志士抱定“先天下之忧而忧，后天下之乐而乐”的担当精神，始终坚定“天下兴亡，匹夫有责”的家国情怀。传统士大夫的修身自律是一种道德追求和人生境界。从现代的视角来看，修身自励则是党员干部树立正确的权力观、价值观和事业观的重要任务，事关党的事业和国家的前途。习近平总书记引用《洪范传·临川集》的一段话讲“修其心，治其身，而后可以为政于天下”，强调的就是党员干部加强自身修养的重要性。

因此，党员干部的修身自励一定要抱定“做大事而非做大官”的人生理想。2017 年 5 月 3 日，在五四青年节即将到来之际，习近平总书记在中国政法大学考察时提出“立志是一切开始的前提，青年要立志做

① 习近平：《之江新语》，浙江人民出版社 2007 年版，第 175 页。

② 鲁迅：《且介亭杂文》，人民文学出版社 1973 年版，第 140 页。

大事，不要立志做大官”。这既是对广大青年的谆谆教诲，也是他从正定出发的从政理念，更是对广大党员干部树立正确权力观的忠告。我们党内就出现过反面的教材，个别领导干部由于错置了人生理想而导致权力观的变质，以“生进中南海，死进八宝山”为人生之最高理想，最终落得个贪腐落马的下场。其实，“埋骨何须桑梓地，人生无处不青山”。正确的大志向，正确的权力观，对于一个人，对于一个政党，对于一个国家异常重要。

（三）如何做到自励

人不但要立大志，更要立长志。《论语》在这个意义上说：“士不可以不弘毅，任重而道远。仁以为己任，不亦重乎？死而后已，不亦远乎？”对于志士而言，不可以不刚强且有毅力，因为他担负着与人不同的重任；而对于党员干部而言，无论职位高低，担负的都是有益于人民、有益于国家的大事。滴水唯有融入大海方永不干涸，个人理想唯有融入家国才最有力量。只有将个人的远大志向与国家发展、民族复兴和推动构建人类命运共同体相融合，才能彰显出人生的最大价值。

1. 要坚定“砍头不要紧，只要主义真”的共产主义远大理想

习近平总书记在庆祝中国共产党成立95周年大会上的讲话中指出：“理想信念动摇是最危险的动摇，理想信念滑坡是最危险的滑坡。一个政党的衰落，往往从理想信念的丧失或缺失开始。我们党是否坚强有力，既要看全党在理想信念上是否坚定不移，更要看每一位党员在理想信念上是否坚定不移。95年来，共产主义远大理想激励了一代又一代共产党人英勇奋斗，成千上万的烈士为了这个理想献出了宝贵生命。”[①] 在中国共产党的历史上，从来不缺少“为了祖国，为了胜利，向我开炮”[②] 的浴血奋战的英雄，也从来不缺少“砍头不要紧，只要主义真”[③] 的为了真理而抛头颅洒热血的英烈，更从来不缺少“敌人只能砍下我们

---

① 《习近平谈治国理政》第二卷，外文出版社2017年版，第34—35页。

② 中央军委政治工作部：《“八一勋章”英模风采录》，人民出版社2017年版，第128页。

③ 吕芳文、蒋薛：《夏明翰》，人民出版社1984年版，第1页。

的头颅，决不能动摇我们的信仰”[①] 的鲜红旗帜，这些视死如归、大义凛然的誓言就是对坚定的共产主义远大理想的生动诠释。

2. 要坚定“天下兴亡、匹夫有责”的家国情怀

习近平总书记指出：“自古以来，我国知识分子就有‘为天地立心，为生民立命，为往圣继绝学，为万世开太平’的志向和传统。”[②] 这句话出自张载的《横渠语录》，冯友兰先生称其为“横渠四句”。习近平总书记在会见知识分子、劳动模范和青年代表的讲话中也多次提及“横渠四句”，这四句话非常贴切地表达了个体对国家、对社会、对民族的使命担当。这不仅是中华优秀传统士子的文化理想，更是广大党员领导干部的政治追求。“面壁十年图破壁，难酬蹈海亦英雄。”胸怀凌云壮志的周恩来“为中国人民谋幸福、为中华民族谋复兴、为人类进步事业而奋斗”[③] 的一生，为家国情怀作出最为鲜活的注释。中国人民抗日战争胜利向世界展示了“天下兴亡、匹夫有责”的爱国情怀，抗疫斗争伟大实践再一次证明，只要中国共产党人时刻抱有家国情怀，信奉“天下兴亡、匹夫有责”，始终继承和弘扬中华优秀传统文化，我们就一定能够建设好全国各族人民的精神家园，筑牢中华儿女团结奋进、一往无前的思想基础。

延伸阅读

胡耀邦严管家人

胡耀邦的胞兄胡耀福，一直在家务农。1982 年，胡耀邦侄子胡德资被岳阳市某工厂招工，被胡耀邦知晓，认为是“走后门”，将其唤回乡村。有一次，他的家乡浏阳县委托胡耀福到北京找胡耀邦给家乡批点化肥。胡耀邦态度非常鲜明，甚至不惜与哥哥闹翻了脸。胡耀邦说：“我不是家乡的总书记，不能为家乡谋特殊利益。在我这，要马列主义

① 《方志敏文集》，人民出版社 1985 年版，第 144 页。

② 习近平：《在哲学社会科学工作座谈会上的讲话》，人民出版社 2016 年版，第 8 页。

③ 习近平：《习近平在纪念周恩来同志诞辰 120 周年座谈会上的讲话》，《人民日报》2018 年 3 月 1 日。

有，要特殊化没有。”胡耀邦铁面无私，一尘不染，直到逝世，他在浏阳的亲属没有一个人转为城市户口、安排工作的，全都是普通农民。1992年9月，83岁的胡耀福老人逝世的时候，有人送来一副挽联，“国中有典型，两袖清风做赤子；天下无先例，一代‘皇兄’是农人”。

（王国宇、王安中、刘四平：《严以齐家：中华传统家教文化与当代共产党人的家风建设》，人民出版社2018年版，第151—152页。）

第二节 严以律己要修为“五慎”经

《说文解字注》中将慎注为“谨”，“慎，谨也。谨者，慎也。未有不诚而能谨者。”王力先生从段玉裁之说，也将慎的一个意思解释为“说文：‘慎，谨也。’”[①]《尚书·皋陶谟》中也讲：“慎厥身，修思永。”说的就是要谨慎其身，也就是安身修身的意思。“永”字指出了思虑修身的重要性和持久性，对于个体来讲是一生的事。这样也就理解孔子为什么说“朝闻道，夕死可矣”[②]了。

一、党员干部要做到慎独

习近平总书记历来强调党员干部“要追求‘慎独’的高境界”。“党员干部要‘慎独’。”“做到台上台下一个样，人前人后一个样，尤其是在私底下、无人时、细微处，更要如履薄冰、如临深渊，始终不放纵、不越轨、不逾矩。”[③]他对于慎独的阐释，对党员领导干部的修身慎独来讲具有非常现实的指导意义。

① 王力：《王力古汉语字典》，中华书局2000年版，第326页。
② 杨伯峻：《论语译注》，中华书局2009年版，第36页。
③ 习近平：《之江新语》，浙江人民出版社2007年版，第272页。

（一）何为慎独

慎独是中国传统文化中广为人知的概念，也是儒家学说中修行“近道”的一个重要概念，因此《礼记·中庸》中讲：“故君子慎其独也。”熟知未必真知。“慎独”的“慎”说的是敬戒谨慎，“独”表述的是别人不知道而仅有自己知道的境地。这个“境”说的是所思所想的心境，有心理的独白；这个“地”说的是位置处所，自己独居之处。因此，“慎独”说的就是君子特别谨慎、个人独处的境地。

为何要慎独？我们要回到这句话所处的语境，才能有更进一步的认识。“故君子慎其独也”上文是“天命之谓性，率性之谓道，修道之谓教。道也者，不可须臾离也；可离非道也。是故君子戒慎乎其所不睹，恐惧乎其所不闻。莫见乎隐，莫显乎微。”[①] 这里的“隐”和“微”讲的就是暗处和细微事。“独”讲的就是别人不了解，而自己知道自己的所思所想；别人不知道，而只有自己知道自己在哪儿。为什么要慎独？原因就在这儿，在幽暗之中、细微之事上，虽然心思还没有付诸行动，但是自己的内心已经动了，已经有了想法。自己的这种心理活动虽然别人不知道，但是自己是知道的。另一个原因是我们一旦到了自己家里，在“幽暗中”一个人独处的时候，外在的监督就没有了，做什么也就只有自己知道了。所以在“慎独”的问题上，君子对此是非常谨慎戒惧的，讲“慎独”就是要将这些不好的心理遏制在萌芽状态，以免其在隐暗细微处一点点滋生起来，导致恶的想法形于外进而演变成恶劣的行动。这是一个问题。

另一个问题是，“慎独”的目的是什么？是为“近道”，也就是“天命之谓性，率性之谓道，修道之谓教。道也者，不可须臾离也，可离非道也”。天所给人的禀赋叫作“性”，遵循天性而行叫作“道”，修明此道而加以推广的叫作“教”。天地万物各得它所被赋予之理，都因循各自的规律而生，人也好、物也好，各自有各自的天性。对人而言，饮食

---

① 王文锦：《礼记译解》，中华书局 2001 年版，第 773 页。

日用之间都有当行的路数，各有其“道”，所谓的一张一弛文武之道。之所以“慎独”，就是因为“道”无物不有、无时不在。所以，无论是饮食日用之间，人前或人后，都不能不谨慎敬戒，这就是“道也者，不可须臾离也，可离非道也”。“道”是不可片刻离开的，如果可以离开的，那就不是“道”了。所以，君子尤其在别人看不到的地方要更谨慎，别人听不到的地方要更敬戒，这是对慎独较为完整的理解。

（二）如何做到慎独

首先，慎独要做到内不欺于心，切勿自欺欺人。也就是前面提到的在台下、在人后，尤其在私底下、无人时、细微处要做到慎独自律。《礼记·大学》里讲：“所谓诚其意者，毋自欺也，如恶恶臭，如好好色，此之谓自谦，故君子必慎其独也！”说的是慎独的第一功夫就是正心诚意，诚实自己的意念，不要自己欺骗自己，就像闻到恶臭气味就厌恶得赶紧躲避、发现美好就真心地欣赏那样真实自然。诚实地面对自己，做到真诚不欺，这是必须戒慎自己一人独处的首要功夫。换句话讲，如果一个人连自己都欺骗，那么还有谁不能欺骗的呢？

其次，慎独要做到外不欺人，切勿外以欺于人。也就是习近平总书记讲的在台上、在人前也要做到慎独律己、外不欺人。对于党员领导干部来讲，就要对组织忠诚，对待同志要真诚，对待人民要心诚，始终把人民装在心中。《礼记·大学》讲：“小人闲居为不善，无所不至，见君子而后厌然，掩其不善，而著其善。人之视己，如见其肺肝然，则何益矣？此谓诚于中，形于外，故君子必慎其独也。曾子曰：‘十目所视，十手所指，其严乎！’”有的人在独处的时候为非作歹，坏事干尽；看到君子就开始遮遮盖盖地掩藏不光彩的行径，而故意显露他的“善良”，这些都是在台上、在外人面前装出来的。这根本没有做到慎独，而他自己却不知道。就像曾子说的，十只眼睛在注视着你，十双手都在指点着你，若要人不知除非己莫为。

最后，慎独要做到正确理解监督，“从心所欲，不逾矩”[①]。这就是习近平总书记讲的党员干部特别是高级领导干部手中往往掌握一定的权力，不仅要主动接受组织、制度的监督，而且要不断加强自律。《礼记·大学》讲：“富润屋，德润身，心广体胖，故君子必诚其意。”物质财富能够润饰房屋，而道德却能够润饰身心。心胸宽广了自然会身体舒顺，所以君子一定要诚实自己的意念，不自欺、不欺人。君子通过“志于道，据于德”来慎独修身，进而所有的道德律令、修身法则都已经内化于心，他尊重内心的法则来为人处世，自然就会做到“从心所欲，不逾矩”。党员领导干部慎独，就要求正确地理解监督、面对监督。通过慎独自律，将纪律规矩、党纪国法内化于心，进而“从心所欲”地外化于行，所思所想、所作所为自然不会越过党纪国法的高压线，外在的监督还有什么好怕的呢？

延伸阅读

暮夜无知

“大将军邓骘闻其贤而辟之，举茂才，四迁荆州刺史、东莱太守。当之郡，道经昌邑，故所举荆州茂才王密为昌邑令，谒见，至夜怀金十斤以遗震。震曰：‘故人知君，君不知故人，何也？’密曰：‘暮夜无知者。’震曰：‘天知，神知，我知，子知。何谓无知！’”

杨震因正直和博学而闻名，人称“关西孔子”。到东莱出任太守时途经昌邑，昌邑县令王密晚上抱着十斤黄金来送礼。杨震说：“我深知你的为人，你为何不知我的为人？”王密说：“放心吧，三更半夜的，不会有人知道。”杨震说：“天知、地知、我知、你知，怎么能说没有人知？”

“暮夜无知”因杨震的清廉慎独而为《后汉书·杨震列传》所载，并流传青史。若要人不知，除非己莫为。“暮夜无知”的故事便是对“慎独”最好的诠释。

（《后汉书·杨震列传》，中华书局 1965 年版，第 1760 页。）

---

① 杨伯峻：《论语译注》，中华书局 2009 年版，第 12 页。

二、党员干部要做到慎初

习近平总书记用一句平实而又生动的比喻指出：“这就像穿衣服和扣扣子一样，如果第一粒扣子扣错了，剩余的扣子就都会扣错。人生的扣子从一开始就要扣好。”[①] 这样一句朴实无华的譬喻又道出了“慎初”的深刻道理。

（一）何为慎初

慎初，就是要戒慎于事情发生之初，在开始时就谨慎小心、时刻戒备。《诗经·大雅·荡》中讲：“靡不有初，鲜克有终。”天生众民，没有不善的，“性相近，习相远”。但由于后天的各种诱惑、各种习染，也就慢慢地随波逐流、逐渐沉沦，一生的筹划也就无从谈起了。因此，很少有人能终于善道。但凡天下所有的事情，往往都有一个良好的开端，却很少有人能够坚持到底、始终如一，这里讲的就是慎初的重要性。因此，《礼记·经解》讲“《易》曰：‘君子慎始。差若毫厘，谬以千里。’此之谓也”。传统的大人、君子都非常慎重地对待开始。这是因为，一旦开头出现了些许的毫厘差错，最后就会导致错到千里之外了。说的就是这个道理。

从个别贪腐落马的党员干部的忏悔中往往可以看到一个共性的问题，很多腐败分子大多对“第一次伸手”印象深刻就是因为没有做到“慎初”，往往从第一次的脸红心跳、忐忑不安，发展到后来的默然许之。“慎初”的防线一旦失守，贪欲就会如洪水猛兽冲出“慎初”的闸门，甚至开始主动索贿。个别党员干部从“第一次谁给我送”，逐步演变成“记不得谁给我送”，再到“只记得谁没给我送”。一而再，再而三，千古之恨其实始于第一次失足。

---

① 习近平：《青年要自觉践行社会主义核心价值观——在北京大学师生座谈会上的讲话》，《人民日报》2014年5月5日。

（二）如何做到慎初

首先，要守护好中国共产党人的初心。失去初心的政党也必定会失去未来。习近平总书记在庆祝中国共产党成立95周年大会上的讲话中指出："我们党已经走过了95年的历程，但我们要永远保持建党时中国共产党人的奋斗精神，永远保持对人民的赤子之心。一切向前走，都不能忘记走过的路；走得再远、走到再光辉的未来，也不能忘记走过的过去，不能忘记为什么出发。面向未来，面对挑战，全党同志一定要不忘初心、继续前进。"[①] 中国共产党建党时的初心和使命就是要为中国人民谋幸福，为中华民族谋复兴。这也是中国共产党向中国人民、向中华民族、向历史做出的庄严承诺，一代又一代的中国共产党人通过革命的胜利、新中国的建立、改革开放的成功向人民和历史兑现了一个又一个最初的诺言，这份初心和使命是"激励中国共产党不断前进的根本动力"[②]，也推动了中国特色社会主义进入新时代。大党百年之所以永葆青春，就是因为一代又一代中国共产党人在接续奋斗中始终守护着这份初心。也正因如此，我们走得越远，越要守护好初心，做到始终如一、善始善终、善作善成。

其次，要率先垂范、践行初心。党员领导干部是党和国家事业发展的"关键少数"，务必要率先垂范。《论语·子路》讲："其身正，不令而行；其身不正，虽令不从。"行动是最有力的号召，率先垂范是最有力的动员令。党员领导干部率先垂范、践行初心，事情也一定行得通、办得到。如果自己不干而强制别人干，纵使三令五申也不会有人信服跟从。与其高高在上提要求，不如率先垂范，干在实处、走在前列。

最后，要切实强化制度意识，带头维护制度权威。邓小平说："这些方面的制度好可以使坏人无法任意横行，制度不好可以使好人无法充

① 中共中央党史和文献研究院：《十八大以来重要文献选编》（下），中央文献出版社2018年版，第345页。

② 习近平：《决胜全面建成小康社会　夺取新时代中国特色社会主义伟大胜利》，人民出版社2017年版，第1页。

分做好事，甚至会走向反面。”[①] 制度优势是一个政党、一个国家的最大优势。党的十九届四中全会提出了建立不忘初心、牢记使命的制度。制度的生命力在于执行，只有得到有效的执行，制度优势才能真正转变为治理效能。党员领导干部必须强化制度意识，自觉尊崇制度，严格执行制度，坚决维护制度，推动不忘初心、牢记使命的制度落实落地，把全面从严治党提升到一个新的水平。

延伸阅读

阳春有脚

“宋璟爱民恤物，朝野归美，时人咸谓璟为有脚阳春，言所至之处，如阳春煦物也。”

宋璟在地方为官，每到一处都尽力为百姓做好事，家家户户都能安居乐业，朝野上下都称赞他是有脚的春天，无论到哪儿都给当地带来温暖。

（《开元天宝遗事·有脚阳春》，人民出版社 2014 年版，第 219 页。）

三、党员干部要做到慎终

习近平总书记非常重视慎终的问题。早在浙江工作期间，他就提出：“对于共产党人来说，谨慎是一种责任心，用权时要如临如履，小心翼翼。”“保持谨慎，决不是因循守旧，谨小慎微，而是始终保持清醒头脑，谨言细致，慎终如始。”[②]

（一）何为慎终

慎终是中国传统文化中一个重要的概念，无论儒家还是道家都极为

① 《邓小平文选》第二卷，人民出版社 1994 年版，第 333 页。

② 习近平：《干在实处　走在前列——推进浙江新发展的思考与实践》，中共中央党校出版社 2006 年版，第 441 页。

重视。慎为谨慎意，终即为事成之际，说的就是要审慎地面对事情的终结。老子在《道德经》中讲："民之从事，常于几成而败之。慎终如始，则无败事。"说的就是一般人做事情，经常在即将成功的时候遭致失败。因此，这也提醒我们要像善始那样谨慎地做到慎终，自然就不会失败了。《论语·学而》中也强调慎终："慎终追远，民德归厚矣。"这里强调的是在走向终点的征程中，因"路漫漫其修远"而容易导致丧失最初的方向，不能做到谨慎地抱守初心。

习近平总书记讲的慎终有两层含义：一是方向不迷失，目标不动摇。这是因为"初心不会自然保质保鲜，稍不注意就可能蒙尘褪色，久不滋养就会干涸枯萎，很容易走着走着就忘记了为什么要出发、要到哪里去，很容易走散了、走丢了"①。二是慎终如始，始终如一。这是因为"一切向前走，都不能忘记走过的路；走得再远、走到再光辉的未来，也不能忘记走过的过去，不能忘记为什么出发"②。这说的就是虽然我们党即将迎来百年华诞，但我们要永远保持建党时中国共产党人的那份初心和昂扬的斗志。

（二）如何做到慎终

习近平总书记在"不忘初心、牢记使命"主题教育总结大会上指出："一个忘记来路的民族必定是没有出路的民族，一个忘记初心的政党必定是没有未来的政党。"

1. 坚守初心，善作善成

中国共产党人的初心和使命就是为中国人民谋幸福，为中华民族谋复兴。中国共产党人之所以能够实现民族独立和人民解放，建立了新中国，就是因为坚守了中国共产党成立时的初心；中国共产党人之所以能够在新中国成立后建立了社会主义基本制度，从根本上改变新中国百废待兴的局面，就是因为继续坚守了这份初心；中国共产党人之所以能够

① 习近平：《在"不忘初心、牢记使命"主题教育总结大会上的讲话》，《求是》2020年第13期。

② 中共中央党史和文献研究院：《十八大以来重要文献选编》（下），中央文献出版社2018年版，第345页。

持续推进改革开放，极大地改变了中国的面貌、中华民族的面貌、中国人民的面貌、中国共产党的面貌，取得了世所罕见的奇迹，从根本上说，仍旧是因为我们党始终坚守初心、善作善成。

这份初心和使命是我们得以战胜一个又一个困难、攻克一个又一个新的历史课题、取得一个又一个辉煌胜利的根本动力。

2. 牢记使命，善始善终

“初心易得，始终难守。”[①] 一个人做事也好，历史上的一个政党也好，一个即将走过百年的大党也好，最难持守的就是历经雄关漫道而初心不改、阅尽天翻地覆而矢志不渝。对个体而言，荀子讲：“故君子敬始而慎终，终始如一。”对一个政党而言，能够做到始终如一、善始善终更是弥足珍贵。

纵观马克思主义政党的发展史不难发现，一个政党的先进性和纯洁性不会随着时间推移而自然保持下去。同样，一个共产党员的党性也不会随着党龄的增长、职务的提升而自然提高。要做到善始善终就必须把守护初心贯穿生命的始终，而不是一次性的教育、一次性的活动；要做到善始善终就必须把涵养初心作为加强党的建设的永恒课题和全体党员、干部的终身课题常抓不懈。

因此，守护初心就要将其贯穿工作、学习、生活的全过程，让修养初心成为一种政治自觉，让践行初心成为一种生活习惯，让修炼初心成为一种生命境界。

延伸阅读

李广成蹊

太史公曰：传曰“其身正，不令而行；其身不正，虽令不从”。其李将军之谓也？余睹李将军悛悛如鄙人，口不能道辞。及死之日，天下知与不知，皆为尽哀。彼其忠实心诚信于士大夫也？谚曰“桃李不言，

① 习近平：《在“不忘初心、牢记使命”主题教育总结大会上的讲话》，《求是》2020 年 1 月 8 日。

下自成蹊”。此言虽小，可以谕大也。

司马迁讲李广一生诚恳严谨，像一个质朴的乡下人，也不善于讲漂亮话。但是当他死的时候，不论是认识他的还是不认识他的，普天下的人都沉痛地哀悼他。这都是因为他一生忠诚质朴。所以古语讲“桃李不言，下自成蹊”。这话讲的虽是平常小事，却说明了一个慎始慎终的大道理。

（[汉] 司马迁：《史记》（第九册），中华书局1982年版，第878页。）

四、党员干部要做到慎微

在慎微的问题上，习近平指出：“大多数腐败分子是从不注意小事小节逐步走到腐化堕落境地的。在推杯换盏中放松了警惕，在小恩小惠面前丢掉了原则，在轻歌曼舞中丧失了人格，这样的例子并不鲜见。小事当慎，小节当拘，确是对领导干部的金玉良言。”①

（一）何为慎微

所谓慎微，就是要小心谨慎于细微之处，语出西汉刘安及其门客所编写的《淮南子》中的“圣人敬小慎微”。由此可见，慎微不是一个新话题，古人对于慎微问题的重视和研究源远流长，也足见慎微问题的重要性。

慎微之所以重要，在于“事者难成而易败也，名者难立而易废也。千里之堤，以蝼蚁之穴漏；百寻之屋，以突隙之烟焚。”② 天下所有的大事都很难成功，但是却很容易失败，如同人的声名很难名垂青史，却很容易毁坏而遗臭万年。很多时候，失败是因为没有做到慎微，而问题恰恰就出在细微处。千里之堤，毁于蚁穴，足见细微处对于整体的重

① 习近平：《之江新语》，浙江人民出版社2007年版，第440页。

② 顾迁译注：《淮南子》，中华书局2009年版，第253页。

要。习近平指出："于细微处见精神，于细微处也见品德。小事小节是一面镜子，能够反映人品，反映作风。小事小节中有党性，有原则，有人格。"[①] 这也告诫全党，党员领导干部要重视细微小节。小事小节并不小，不过是量变与质变的辩证关系而已，两者是会相互转化的。

慎微之所以重要，在于很多问题不是出在大节大非上，而是因小恶累积而伤大德，由小害累积而酿成大祸。"《尧戒》曰：'战战栗栗，日慎一日，人莫踬于山，而踬于垤。'是故人皆轻小害，易微事，是以多悔。患至而后忧之，是由病者已惓，而索良医也，虽有扁鹊、俞跗之巧，犹不能生也。"[②] 人没有被大山撞倒，却经常因小土堆而被绊倒。原因就出在人们一般都不重视细节，轻视小事，忽略小害，以致酿成大祸。每个领导干部都应慎独慎微，从小事小节上加强自身修养，从一点一滴中自觉完善自己。[③]

（二）如何做到慎微

党员干部要做到慎微，就要正确看待和处理好微与著、小与大、易与难等，微即是著，小就是大，易就是难，著微、大小和难易是辩证统一的。

首先，要正确认识和处理好"微"与"著"的辩证关系。《资治通鉴》讲："尽小者大，慎微者著。"指出微与著、小与大的辩证统一的关系。说的就是事事小处都能做得完善，累积小成就可以得以大成；处处都能做到谨小慎微，积累小善就可以使仁德逐渐显著。从正面来看，我们每天都积存一点善道，就像我们的身体每天都在长高，而自己却感觉不到一样；从反面来看，如果每天都一点一点地积累恶行，就像油灯里的油脂一点一点在减少，而当事人却很难察觉。习近平总书记在党的群众路线教育实践活动总结大会上的讲话中指出，"世间事，作于细"。慎

---

① 习近平：《之江新语》，浙江人民出版社 2007 年版，第 440 页。
② 顾迁译注：《淮南子》，中华书局 2009 年版，第 253 页。
③ 习近平：《之江新语》，浙江人民出版社 2007 年版，第 440 页。

微，就是警惕于事物细微之处，“勿以善小而不为，勿以恶小而为之”，防止由于小过而酿成大错。

其次，要正确认识和处理好“小”与“大”的辩证统一关系。司马光讲：“臣闻众少成多，积小致巨。故圣人莫不以暗致明，以微致显。是以尧发于诸侯，舜兴乎深山，非一日而显也，盖有渐以致之矣。言出于己，不可塞也；行发于身，不可掩也。言行，治之大者，君子之所以动天地也。”① 讲的就是“多”都是从“少”处积累而成就的，“大”都是从“小”中累积而成的。所以，圣人都是从幽暗处一点一点地通达到光明处，从低微中一点一点地累积出显耀的。尧从诸侯中擢升天子之位，舜从深山中逐渐兴起，都不是一天工夫就达到显耀的程度，而是有一个缓慢积累的过程。生命中的细微处看似是小，点滴的细微都在为成其大而做功课，小实则为大。自己讲出的话犹如泼出去的水，不可能再收回来；一个人的行为如开弓射出的箭，也不可能再掩盖。从这个意义上讲，一言一行，是治理最需要注意的，从君子慎微来讲一举一动都是感动天地的工具。对于政党来讲，中国共产党人成就的伟大事业也是无数先烈、无数英雄模范、无数共产党人和全国人民一起奋斗得来的。小即是大，此为小大之辩。习近平总书记指出：“作风问题有的看起来不大，几顿饭，几杯酒，几张卡，但都与公私问题有联系，都与公款、公权有关系。公款姓公，一分一厘都不能乱花；公权为民，一丝一毫都不能私用。领导干部必须时刻清楚这一点，做到公私分明、克己奉公、严格自律。”② 小就是大，少即是多。一顿饭和几千万元的贪腐只存在数量上的不等，差别可能最终体现在量刑上。但是，从本质上说，贪腐就是贪腐，与所贪污受贿物品的数量多少、权力寻租的是资本或者是美色，本质上是没有差别的。

最后，要正确认识和处理好“易”与“难”的辩证统一关系。老子在《道德经》中讲：“大小多少，图难于其易，为大于其细。天下难事，

---

① ［北宋］司马光：《资治通鉴》（第二册），中华书局 1956 年版，第 553 页。

② 中共中央纪律检查委员会、中共中央文献研究室：《习近平关于党风廉政建设和反腐败斗争论述摘编》，中央文献出版社、中国方正出版社 2015 年版，第 79－80 页。

必作于易。天下大事，必作于细。”这里讲的就是“少”与“多”、“小”与“大”、“易”与“难”的辩证统一关系。我们所谓的大都是从小萌发，我们所谓的多都从少处来；我们处理困难的事务都要从容易处入手，我们要成就远大也要从细微处开始。从这样一种辩证法入手，所谓的“少”就是“多”，所谓的“小”就是“大”，所谓的“易”就是“难”。所以，天下的难事必定要从容易的事做起，天下的大事也必定从琐细的小事做起。习近平指出：“对于共产党人来说，谨慎是一种责任心，用权时要如临如履，小心翼翼；是一种作风，要多做少说，敏于事而慎于言；是一种能力，要见微知著，防患于未然；也是一种品格，要慎权慎独，自警自励。”[①] 党员领导干部一定要树立正确的权力观，权为民所赋，用权时要如临如履，小心翼翼；要树立正确的事业观，成就大事业往往从小事入手；要树立正确的群众观，群众利益无小事。正因为有道德的人、成就大事者始终不自以为大，所以能成就其大。

延伸阅读

羊续悬鱼

“府丞尝献其生鱼，续受而悬于庭；丞后又进之，续乃出前所悬者以杜其意。”说的是府丞得知羊续喜欢吃鱼，就提鱼来送礼。府丞走后，羊续将鱼挂到棚顶。半月有余，府丞又提了一条大鱼来。羊续领他到悬鱼处，上回送的鱼都快成鱼干了。自此，再也没人送礼了。

（《后汉书·杨震列传》，中华书局1965年版，第1110页。）

五、党员干部要做到慎友

从我们所熟知的高山流水，到孔子的“益友、损友”之教，再到

① 习近平：《干在实处　走在前列——推进浙江新发展的思考与实践》，中共中央党校出版社2006年版，第441页。

习近平总书记提出的慎友，都表明交友是一个古老而又常新的话题。人是一种社会关系的存在物。马克思讲："人的本质不是单个人所固有的抽象物，在其现实性上，它是一切社会关系的总和。"[①] 身处社会关系之中的党员领导干部，也应时刻慎思如何交友的问题。从这个意义上讲，如何交友就不仅仅是传统道德范畴的问题，对于生活在组织规范中的党员干部，如何交友也成为一个事关党的政治建设的重要问题。

（一）何为慎友

所谓慎友，说的是人与人的交际交往要保持谨慎，有一定的原则。物以类聚，人以群分。人因品性趣味而交往，因此从他交往的朋友也能看出一个人的品位高低。中国传统文化对交友问题非常重视，《论语·颜渊》中讲："君子以文会友，以友辅仁。"说的就是君子之间的交往要有一定的品位和情趣，朋友间通过文章学问来会聚交流。同时，文章学问上的交往不仅仅是坐而论道，而是通过有学问的朋友来帮助自己培养仁德。这里我们可以看到君子之间交往之"清"。《庄子·山木》也在同样的意义上讲："君子之交淡若水，小人之交甘若醴。君子淡以亲，小人甘以绝。"君子间的交情如水般淡薄清透，小人的交往则甘美得如甜酒；君子之交虽淡薄却亲切，小人之交虽甜蜜却容易断绝。究其原因，表面上的"甘若醴"实际是因为利益的甜头，一旦对方失去利用价值也就到了利去甘尽的时候。习近平总书记在同样的意义上指出，政商交往也要讲一个"清"字，"所谓'清'，就是同民营企业家的关系要清白、纯洁，不能有贪心私心，不能以权谋私，不能搞权钱交易"[②]。很多领导干部被资本所围猎，身边高朋满座，手中甜酒满杯。殊不知这些所谓的"高朋"，实际上都是冲着领导干部手中的权力来的，目的就是要通过"钱"与"权"的交易来获取自己的利益。因此，在交友的问题上必须谨慎。

---

① 《马克思恩格斯选集》第一卷，人民出版社 1995 年版，第 56 页。

② 习近平：《毫不动摇坚持我国基本经济制度，推动各种所有制经济健康发展》，《人民日报》2016 年 3 月 9 日。

孔子还从正反两个方面界定了何为“益友”、何为“损友”，对于党员领导干部的交际交往具有非常重要的指导意义。《论语》讲：“益者三友，损者三友。友直，友谅，友多闻，益矣。友便辟，友善柔，友便佞，损矣。”说的就是在交往过程中，一定要善于和有益的朋友交往。这三种有益的朋友分别是：正直的人、信实的人、博闻广识的人。这样的朋友不仅是有益的，更会增益个人的仁德。反之要规避三类有害的朋友：谄媚奉承的人、当面恭维背后毁谤的人、夸夸其谈的人。一旦交上这样的朋友，不但有害，还可能同流合污。从这个意义上讲，人际交往不能不慎重。

（二）如何做到慎友

首先，要与“善士”为友。“善士”可以理解为优秀的人。《孟子》讲：“一乡之善士斯友一乡之善士；一国之善士斯友一国之善士；天下之善士斯友天下之善士。”在交朋友的问题上，一乡的优秀人物就和本乡的优秀人物结交朋友，一个国家的优秀人物就会和本国的优秀人物结交，推而广之，天下的优秀人物就会和天下的优秀人物结交朋友。与善士结交，就是与善士为伍、与优秀为伍。因此，孔子讲“三人行，必有我师焉”也就获得了合理的解释。只有我们做到慎友，才能主动去发现找寻“一乡”“一国”乃至“天下”的善士并以其为师。目的就是要“择其善者而从之，其不善者而改之”[①]。要通过朋友而修为自我，选取可以为师的善士的优点而学习，反视自身的缺点而改正。

其次，要与英雄为友。英雄是历史的丰碑、时代的楷模、文明的旗帜、复兴的路标，也是学习的榜样。习近平总书记指出：“一个有希望的民族不能没有英雄，一个有前途的国家不能没有先锋。”[②] 一切为了中华民族独立和解放而牺牲的人们，一切为中华民族摆脱外来殖民统治和侵略而英勇斗争的人们，一切为中华民族掌握自己命运、开创国家发

① 杨伯峻：《论语译注》，中华书局2009年版，第71页。

② 《习近平在纪念中国人民抗日战争暨世界反法西斯战争胜利70周年系列活动上的讲话》，人民出版社2015年版，第19页。

展新路的人们，都是民族英雄，都是民族的优秀分子，都是国家荣光，都是我们致敬和学习的榜样。《孟子》讲："以友天下之善士为未足，又尚论古人。颂其诗，读其书，不知其人，可乎？是以论其世也。是尚友也。"如果与"一乡"、"一国"乃至"天下"的优秀人物交友还不够，便要上溯到古代优秀人物。吟诵他们的诗，研读他们的书，这是和历史上的优秀人物为友，与古人交朋友。

以上从"四自"和"五慎"阐释了习近平总书记"严以律己"的重要思想。严以律己是为了成就高远的生命境界和人生价值，但对于党员干部来讲，这还不够。修身律己是"修齐治平"的第一要件，是为人做官的前提和基础，修身的更高追求是服务于"齐家治国平天下"。《礼记·大学》中讲："自天子以至于庶人，壹是皆以修身为本。"传统社会中上至天子，下至平民百姓，人人都以修养身心为根本。党员干部应当"带头廉洁治家，带头反对特权"所言正是此意。"身修而后家齐，家齐而后国治，国治而后天下平。"个人品性得以修养之后，才可能管理好自己的家庭和家族；自己的家庭和家族管理好后，才可能治理好国家；国家治理好之后天下才能太平。修身是"修齐治平"的根本，这个根本、这个次序是不能乱的，若这个根本乱了，家庭、国家和天下要治理好是不可能的。如果本末倒置却想做好事情，也同样是不可能的。

习近平总书记历来高度重视家风建设，"小家"事关"大家"。家是最小国，国是千万家。家风建设事关国家的建设。习近平总书记强调："每一位领导干部都要把家风建设摆在重要位置，廉洁修身、廉洁齐家，在管好自己的同时，严格要求配偶、子女和身边工作人员。"① 习近平总书记从为政、用权、修身、齐家四个维度对党员领导干部提出的更高要求，可以看到治国理政与修身齐家是相互贯通、浑然一体的。

家风败坏也是腐败之源。"家风好，就能家道兴盛、和顺美满；家风差，难免殃及子孙、贻害社会。"② 对于家风建设，习近平总书记如

---

① 习近平：《在第十八届中央纪律检查委员会第六次全体会议上的讲话》，人民出版社 2016 年版，第 12 页。

② 习近平：《在会见第一届全国文明家庭代表时的讲话》，人民出版社 2016 年版，第 5 页。

是说。中国传统的《颜氏家训》《朱子家训》，以及诸葛亮的《戒子篇》，等等，都在倡导一种良好的家风。毛泽东、周恩来和习仲勋等老一辈无产阶级革命家也同样高度重视家风建设。党员干部尤其是高级干部位高权重，家风败坏也会成为绑缚自身及亲属走向牢狱的枷锁。因此，习近平总书记强调："家风败坏往往是领导干部走向严重违纪违法的重要原因。"[①] 这句话，字字如针，直指要害。"家为国之本"，对于党员干部来讲，家风不仅事关一身一家之荣辱进退，更事关党风、政风和国风。《孟子》讲："人有恒言，皆曰，'天下国家。'天下之本在国，国之本在家，家之本在身。"我们常言"天下国家"，可见国家的基础就在每一个家庭。党员干部要率先垂范、廉洁齐家，自觉带头树立良好家风。这是因为"家庭的前途命运同国家和民族的前途命运紧密相连。我们要认识到，千家万户都好，国家才能好，民族才能好"[②]。"习氏家风"就是习近平总书记家风观的鲜活注释，《习仲勋传》中有这样一段记述："习仲勋和齐心经常鼓励儿女多读书、多学习，为人民作贡献，每过一段时期都要提出新的要求，要求也越来越高。有一次，当着儿女们的面，齐心对他们说：'家中的小事不能影响工作。'习仲勋听到后却严厉地说：'大事也不能影响工作！'习家对子女大事小事都要求严格，随时提醒他们注意保持好的传统。"[③] 在习仲勋眼里，国事无小事，家里无论大事、小事都要为国事让路。

在家风建设方面，习近平秉承"习氏家风"，率先垂范、身体力行，对自己家人的要求也非常严格。自担任领导干部之后，每到一处任职都会告诫亲朋好友："不能在我工作的地方从事任何商业活动，不能打我的旗号办任何事，否则别怪我六亲不认。"无论是在福建、浙江还是在上海工作，他都在干部大会上公开郑重表态：不允许任何人打他的旗号谋私利，并时刻欢迎大家监督。[④]

---

① 王学俭：《十八大以来党的治国理政思想研究》，人民出版社 2017 年版，第 117 页。

② 习近平：《在会见第一届全国文明家庭代表时的讲话》，人民出版社 2016 年版，第 3 页。

③ 《习仲勋传》（下卷），中央文献出版社 2013 年版，第 640 页。

④ 《习近平谈治国理政》第一卷，外文出版社 2018 年版，第 445 页。

延伸阅读

抓住“关键少数”，管住“最大多数”

1965 年秋，甘肃省天水县花牛寨生产大队的社员们给毛泽东同志寄去一箱自己生产的苹果。不久，他们收到中央办公厅的一封信，还有 44.82 元钱，这钱是毛泽东同志交代寄的。信中说：“中央早有不收受群众礼物的规定，请你们以后不要再送，现汇去 44 元 8 角 2 分，请查收。”上世纪六十年代，毛泽东同志的生活管理员打听到国外有种带嘴儿的烟，便委托外交部购买了两打，并想从招待费中报销这笔开支。毛泽东同志得知后严肃地说：“中国不缺我毛泽东一个人吃的花的。可是，我要是生活上不检点，随随便便吃了拿了，那些部长们、省长们、市长们、县长们都可以吃了拿了，那这个国家还怎么治理呢？”

（李长喜、程少华：《崇正义》，人民出版社 2016 年版，第 97 页。）

下　篇

概 述

“绳短不能汲深井，浅水难以负大舟。”能力是党员干部做好工作不可或缺的重要条件和保证。能力过硬是新时代党员干部必备的基本素质。在新时代党员干部必备的能力中，最重要的是政治能力。我们党历来高度重视提高党员干部尤其是各级领导干部的政治能力。回顾党的十八大以来以习近平同志为核心的党中央治国理政的实践历程，一个非常重要的特点和经验，就是旗帜鲜明讲政治，善于从政治上考量和解决问题，注重提高党员干部尤其是各级领导干部的政治能力。

新时代党员干部如何锤炼过硬的政治能力？首先必须要切实提高自身的政治判断力、政治领悟力和政治执行力。提高“政治三力”，是新时代党员干部旗帜鲜明讲政治的核心所在，是不断增强“四个意识”、坚定“四个自信”、做到“两个维护”的必然要求。习近平总书记在2020年12月的中共中央政治局民主生活会上，以及在2021年1月省部级主要领导干部学习贯彻党的十九届五中全会精神专题研讨班开班式上等不同场合多次强调，党员领导干部要调提高“政治三力”。2021年1月22日，习近平总书记在十九届中央纪委五次全会上发表重要讲话再次强调：“全面从严治党首先要从政治上看，不断提高政治判断力、政治领悟力、政治执行力，一刻不停推进党风廉政建设和反腐败斗争，是推进全面从严治党向纵深发展的重要遵循。”“政治三力”是一个相互联系、相互影响的有机整体，是对新时代党员干部旗帜鲜明讲政治提出的明确要求，是对党员干部政治能力的具体化，使我们党对政治能力的认识实现了新飞跃，具有非常重要的理论意义和现实意义。新时代党员干部提高“政治三力”是一个永恒课题，必须要把关键点聚焦到“不断提高”上。

第一，新时代党员干部旗帜鲜明讲政治，必须不断提高政治判断力。判断力，简言之就是分析决断的能力。政治判断力居于“政治三力”之首，是政治实践的前提和基础。如果没有过硬的政治判断力作支撑，政治能力就如同无源之水、无本之木。那么，党员干部如何进行政治上的判断？那就是要牢牢把握政治判断的三个标尺，即以国家政治安全为大、以人民为重、以坚持和发展中国特色社会主义为本。党员干部提高政治判断力，具体来讲，就是要在工作中不断增强科学把握形势变化、精准识别现象本质、清醒明辨行为是非、有效抵御风险挑战的能力，努力做到习近平总书记提出的“四个善于”。

第二，新时代党员干部旗帜鲜明讲政治，必须不断提高政治领悟力。领悟力，简言之就是领会、感悟的能力。政治领悟力在“政治三力”中处于中枢位置，起着承上启下的重要作用，既是对政治判断的再深化，也是对政治执行的有力保障。党员干部提高政治领悟力，首先，要着力深化理论武装，对党中央精神深入学习、融会贯通，把深刻学习领会习近平新时代中国特色社会主义思想作为重中之重。其次，要坚持用党中央精神分析形势、推动工作，始终同以习近平同志为核心的党中央保持高度一致。最后，要对“国之大者”了然于胸，明确自己的职责定位。

第三，新时代党员干部旗帜鲜明讲政治，必须不断提高政治执行力。执行力，简单讲就是保质保量完成既定任务的能力。“一分部署，九分落实”。政治执行力是政治实践的关键，党员干部政治能力的强弱最终要看其政治执行力怎么样。政治判断力和政治领悟力的强弱要通过政治执行力来检验，政治执行力是党员干部提升政治能力的最终目标和归宿。党员干部提高政治执行力，首先，要不折不扣贯彻落实党中央精神，切实做到“三个坚决”；其次，要始终坚持底线思维；再次，要始终坚持问题导向；最后，要不断强化政治责任，做到知责于心、担责于身、履责于行。

第四章

旗帜鲜明讲政治必须提高政治判断力

讲政治必须提高政治判断力。我们党领导人民进行革命、建设、改革的历史进程反复证明了一个道理：政治上的主动是最有利的主动，政治上的被动是最危险的被动。增强政治判断力，就要以国家政治安全为大、以人民为重、以坚持和发展中国特色社会主义为本，增强科学把握形势变化、精准识别现象本质、清醒明辨行为是非、有效抵御风险挑战的能力。

——习近平总书记在中共中央政治局2020年12月召开的民主生活会上的讲话

判断，是思维的基本形式之一。作为逻辑学的名词，是对思维对象是否存在、是否具有某种属性以及事物之间是否具有某种关系的肯定或否定的思维过程，是对思维对象有所肯定或有所否定的一种思维形式。判断力是人们通过选择的形式将自身的价值观付诸在事物上的能力。将判断力运用于政治领域，即构成政治判断力。所谓政治判断力，是党员干部基于一定的政治立场，运用马克思主义观点方法，对由政党的政治性所衍生出的政治理念、形成的政治制度、政治行为与活动方式的鉴别力与决断力。毛泽东特别注重从全局形势观察和判断问题，指出："要善于观察形势，脑筋不要硬化。形势不对了，就要有点嗅觉，嗅政治形势，嗅经济空气，嗅思想动态。"① 这就是告诉我们，要敏锐地察觉出那些对全局发展变化有重要影响的新情况、新问题，从而果断地作出决策。

我们党历来高度重视提高党员干部的政治判断力，善于从政治上判断重大是非问题，从政治上谋划重大决策部署。百年来过硬的政治判断力有力保障了党和国家各项事业顺利发展。习近平总书记指出："战略问题是一个政党、一个国家的根本性问题。战略上判断得准确，战略上谋划得科学，战略上赢得主动，党和人民事业就大有希望。"② 在工作中提高政治判断力，就要不断增强科学把握形势变化、精准识别现象本质、清醒明辨行为是非、有效抵御风险挑战的能力，这是党员干部提高政治判断力的具体要求。着力提高政治判断力，是新时代党员干部锤炼政治能力的重要方面，目的是更好地把准政治方向、坚持党的政治领导、夯实政治根基、涵养政治生态、防范政治风险、永葆政治本色，事关政治决策及政治行为的结果，事关党和国家事业的兴旺发达。

---

① 《毛泽东思想年谱(1949—1976)》第四卷，中央文献出版社 1993 年版，第 9 页。

② 习近平：《在纪念邓小平同志诞辰 110 周年座谈会上的讲话》，人民出版社 2014 年版，第 19 页。

第一节 充分认识提高政治判断力的重大意义

新时代党员干部要想更好地履职尽责，必须不断提高政治能力，首先要提高政治判断力。着力提高广大党员干部的政治判断力，对于不断提高党的执政能力和领导水平，实现“十四五”规划和2035年远景目标，具有十分重要的意义。

一、提高政治判断力是我们党一以贯之的政治优势

无论是马克思主义的诞生，还是无产阶级政党的诞生，其中发挥重大能动作用的就是马克思主义经典作家超强的政治判断力。恩格斯曾经这样评价马克思：“马克思比我们大家都站得高些，看得远些，观察得多些和快些。”① 从《共产党宣言》的诞生到《社会主义从空想到科学的发展》的发表，马克思、恩格斯在分析资本主义基本矛盾的基础上，进一步论证了社会主义代替资本主义的历史必然性，并在分析资本主义的发展趋势时，对未来社会的基本特征作出科学预测。在俄国，列宁接受了马克思主义理论，对俄国革命作出了重大判断。列宁说：“历史现在向我们提出的当前任务，是比其他任何一个国家的无产阶级的一切当前任务都更革命的任务。实现这个任务，即摧毁这个不仅是欧洲的同时也是（我们现在可以这样说）亚洲的反动势力的最强大的堡垒，就会使俄国无产阶级成为国际革命无产阶级的先锋队。”② 与此同时，列宁根据对资本主义经济政治发展不平衡规律的科学分析，得出社会主义将首先在一国或数国取得胜利的新论断，进而把马克思主义发展到一个新的阶段。十月革命一声炮响，给我们送来了马克思列宁主义。以毛泽东同

① 《马克思恩格斯选集》第四卷，人民出版社1995年版，第242页。

② 《列宁选集》第一卷，人民出版社1995年版，第315页。

志为主要代表的中国共产党人，果断选择了走俄国人的路。中国共产党最讲政治，百年来一以贯之。毛泽东说："我们共产党人从来不隐瞒自己的政治主张。"[①] 一路走来，从对农民问题是中国革命的中心问题到"谁是我们的朋友、谁是我们的敌人"的判断，从1947年"中国人民的革命战争，现在已经达到了一个转折点"[②] 到党的八大对国内主要矛盾的调整，无不体现了以毛泽东为代表的中国共产党人的卓越政治判断力。

党的十一届三中全会后，面对走"两个凡是"的老路，还是走否定社会主义的邪路，以邓小平为代表的中国共产党人果断作出了判断和选择，走了一条改革开放的新路。邓小平明确指出："社会主义现代化建设是我们当前最大的政治，因为它代表着人民的最大的利益、最根本的利益。现在，每一个党员、团员，每一个爱国的公民，都必须在党和政府的统一领导下，克服一切困难，千方百计地为实现四个现代化贡献出一切力量。"[③] 进入新世纪，以江泽民、胡锦涛为代表的共产党人注重对重大战略的判断。江泽民指出："综观全局，二十世纪头二十年，对我国来说，是一个必须紧紧抓住并且可以大有作为的重要战略机遇期。"[④] 这是党中央在科学分析国内外形势的基础上作出的重大战略判断，以此提出全面建设小康社会的奋斗目标。胡锦涛强调："正确认识和科学判断形势，始终是我们党制定和贯彻正确的路线方针政策的重要依据。""要坚持以宽广的眼界观察世界、分析形势，清醒地看到激烈的国际竞争带来的严峻挑战，清醒地看到前进道路上的困难和风险，紧紧抓住并切实用好重要战略机遇期。"[⑤] 面对深刻变化的国际形势，我们党牢牢抓住和用好战略机遇期，做好改革发展稳定各项工作，不断把我国的现代化建设推向前进。党的十八大以来，以习近平同志为核心的党

---

① 《毛泽东选集》第三卷，人民出版社1991年版，第1059页。

② 《毛泽东选集》第四卷，人民出版社1991年版，第1243页。

③ 《邓小平文选》第二卷，人民出版社1994年版，第163页。

④ 《江泽民文选》第三卷，人民出版社2006年版，第542页。

⑤ 胡锦涛：《坚持以宽广的眼界观察世界分析形势　提高对外开放条件下做好工作的能力》，《人民日报》2004年2月25日。

中央，胸怀“两个大局”，对事关中华民族前途命运的重大问题，从战略高度进行准确判断、超前谋划。习近平总书记指出：“正确认识党和人民事业所处的历史方位和发展阶段，是我们党明确阶段性中心任务、制定路线方针政策的根本依据，也是我们党领导革命、建设、改革不断取得胜利的重要经验。”① 从中国特色社会主义进入新时代到“十四五”时期我国进入新发展阶段的判断，从世界百年未有之大变局到我国仍然处于重要战略机遇期的判断，无不体现了我们党高超的政治判断力。

二、提高政治判断力是有效应对风险挑战的关键之举

“安而不忘危，存而不忘亡，治而不忘乱。”我们党在革命、建设、改革各个时期都十分注重树立忧患意识，做到居安思危。毛泽东指出：“从最坏的可能性着想，总不吃亏。不论任何工作，我们都要从最坏的可能性来想，来部署。”② 邓小平强调：“我们要把工作的基点放在出现较大的风险上，准备好对策。这样，即使出现了较大的风险，天也不会塌下来。”③ 历史和实践充分证明，只要有过硬的政治判断力，做好应对各种复杂形势和最坏局面的准备，就能在风险挑战面前处变不惊、沉着应对，就能抢占先机、赢得主动。当前，我国形势总体上是好的，但是在意识形态、经济、科技、社会等领域还不同程度的存在风险挑战。习近平总书记指出：“前进的道路不可能一帆风顺，越是前景光明，越是要增强忧患意识，做到居安思危，全面认识和有力应对一些重大风险挑战。”④

在意识形态方面，面对持续巩固壮大主流舆论，加大舆论引导力度，加快建立网络综合治理体系，确保网络安全、推进依法治网等方面

---

① 习近平：《深入学习坚决贯彻党的十九届五中全会精神　确保全面建设社会主义现代化国家开好局》，《人民日报》2021 年 1 月 12 日。

② 《毛泽东文集》第六卷，人民出版社 1999 年版，第 404 页。

③ 《邓小平文选》第三卷，人民出版社 1993 年版，第 267 页。

④ 《习近平谈治国理政》第三卷，外文出版社 2020 年版，第 217 页。

的风险挑战，党员干部只有精准识别和判断存在的突出矛盾问题，才能更好落实党中央关于政治安全的各项要求，确保我国政治安全。在经济建设方面，虽然总体形势向好，但面临的国内国际环境都在发生深刻而复杂的变化，经济运行稳中有变、变中有忧，供给侧结构性改革中还存在一些困难和挑战。有效应对这些风险挑战，党员干部必须作出准确判断。在科技创新方面，还存在资源配置重复、科研力量分散、创新主体功能定位不清晰等突出问题，提高创新体系整体效能仍需要加大力度，自主创新方面还存在不少短板，迫切需要加强重大创新领域战略研判和前瞻部署，正确的政治判断显得尤为重要。在社会稳定方面，保安全、护稳定各项措施得到加强，但在社会保障、食品安全、社会治安、市场调控等方面亟须加强。在扫黑除恶专项斗争方面，紧盯涉黑涉恶重大案件、黑恶势力背后“关系网”“保护伞”不放，做到打防并举、标本兼治，党员干部必须树立时刻维护稳定这个大局的理念，对各方面的风险挑战进行逐一排查，作出系统研判。在外部环境方面，“世界大变局加速深刻演变，全球动荡源和风险点增多，我国外部环境复杂严峻”[①]。必须统筹国内国际两个大局、发展安全两件大事，既聚焦重点又统揽全局，有效防范各类风险连锁联动。总之，面对国内国际各领域、经济社会发展各方面存在的风险挑战，党员干部如果不能作出全面的认识和准确的判断，就不能作出有效应对，势必对我国发展产生重大影响。

三、提高政治判断力是加强党的建设的必然要求

在统揽伟大斗争、伟大工程、伟大事业、伟大梦想中，起决定性作用的是党的建设新的伟大工程。党政军民学，东西南北中，党是领导一切的。实现中华民族伟大复兴，必须毫不动摇坚持和加强党的领导，毫不动摇把党建设得更加坚强有力，这是全党的共同任务。习近平总书记

① 习近平：《提高防控能力着力化解重大风险 保持经济持续健康发展社会大局稳定》，《人民日报》2019年1月22日。

指出："一定要认清，中国最大的国情就是中国共产党的领导。什么是中国特色？这就是中国特色。"[①] 党的领导地位和作用决定了加强党的建设的极端重要性。推进党的建设新的伟大工程，党员干部首先要从思想上深刻认识其重大理论和实践意义，以坚定的理论自觉推进实践自觉，以高度的政治自觉推进党的建设实践。

我们党一路走来，始终高度重视对"建设什么样的党、怎样建设党"这个重大时代课题的科学判断和部署。党的建设之所以取得今天的显著成绩，和我们党的政治判断力紧密相关。在民主革命时期，毛泽东强调："既要革命，就要有一个革命党。"[②] 1939 年 10 月，他在《〈共产党人〉发刊词》中提出，为了中国革命的胜利，迫切需要建设一个全国范围的、广大群众性的、思想上政治上组织上完全巩固的布尔什维克化的中国共产党。他说，建设这样一个党的主观和客观条件也已经大体具备，这样伟大的工程也在进行之中。毛泽东把党的建设作为伟大的工程来推进，着重从思想上建党、强调实事求是的思想路线、发扬"三大作风"，提出了很多关于党的建设的重要观点。新中国成立特别是改革开放以来，邓小平提出要解决"执政党应该是一个什么样的党，执政党的党员应该怎样才合格，党怎样才叫善于领导"[③] 的问题。他强调，要坚持马克思主义建党原则，把我们党建设成为有战斗力的马克思主义政党，成为领导全国人民进行社会主义物质文明和精神文明建设的坚强核心。从思想、组织、作风、制度等方面对党的建设作出了全面部署。江泽民提出："要把我们党建设成为用建设有中国特色社会主义理论武装起来、全心全意为人民服务、思想上政治上组织上完全巩固、能够经受住各种风险、始终走在时代前列的马克思主义政党。"[④] 胡锦涛强调，要"使党始终成为立党为公、执政为民，求真务实、改革创新，艰苦奋

① 习近平：《中国共产党领导是中国特色社会主义最本质的特征》，《求是》2020 年第 14 期。
② 《毛泽东选集》第四卷，人民出版社 1991 年版，第 1357 页。
③ 《邓小平文选》第二卷，人民出版社 1994 年版，第 276 页。
④ 江泽民：《论党的建设》，中央文献出版社 2001 年版，第 4 页。

斗、清正廉洁，富有活力、团结和谐的马克思主义执政党。”① 基于这样的科学判断，我们党形成了思想建设、组织建设、作风建设、制度建设和反腐倡廉建设的党建总体布局。

党的十八大以来，以习近平同志为核心的党中央，以抓铁有痕、踏石留印的韧劲，以永远在路上的执着，全面加强党的领导和党的建设，全面从严治党成效卓著。党的十九大报告指出，中国特色社会主义进入新时代，我们党一定要有新气象新作为。在新时代“建设一个什么样的党、怎样建设党”，是我们党必须要回答好的一个时代课题。党的十九大从中国特色社会主义新时代的重大战略判断出发，提出要“把党建设成为始终走在时代前列、人民衷心拥护、勇于自我革命、经得起各种风浪考验、朝气蓬勃的马克思主义执政党”②。这是对新时代党的建设目标的重大判断和定位，党员干部必须坚持目标导向，把思想统一到党中央的重大战略上来。关于“怎样建设党”的问题，党的十九大报告指出，全面推进党的政治建设、思想建设、组织建设、作风建设、纪律建设，把制度建设贯穿其中，深入推进反腐败斗争。这是以习近平同志为核心的党中央对党的建设作出的重大部署，并且在党的建设总体布局中突出强调了党的政治建设的重要性。这都体现了我们党过硬的政治判断力。

第二节 新时代党员干部政治判断力不足的表现及原因

我们党历来注重提高党员干部的政治判断力。在党的历史上，毛泽东、邓小平等老一辈无产阶级革命家是这方面的典范；新中国成立以来，又涌现出一大批像焦裕禄、谷文昌、杨善洲、张富清这样的典型。在2020年以来的抗击新冠肺炎疫情的斗争中，广大党员干部从党和国家

---

① 中共中央文献研究室：《十七大以来重要文献选编》（上），中央文献出版社2009年版，第38页。

② 《习近平谈治国理政》第三卷，外文出版社2020年版，第48页。

全局出发，以敏锐的政治鉴别力，辨是非、明方向，在工作岗位上积极奉献，在纷繁舆情中站稳立场，在思想引领中担当作为，充分体现了中国共产党人的担当精神。但是，我们也应看到，在中国特色社会主义新时代和我国发展新阶段，一些党员干部的政治判断力还不能适应新的要求。

一、新时代党员干部政治判断力不足的突出表现

新时代党和国家的伟大事业在政治能力上对党员干部提出了更高要求。但在实践中，一些党员干部政治判断力还有待提高，主要是在政治上不能适应党和国家发展大局、大势的要求，在事业的发展、党的建设等方面政治鉴别力不强、政治判断力不足。

（一）对“两个大局”的判断不到位

当今世界各个国家的发展日益紧密地联系在一起，推进党和国家各项事业的发展必须对国内国际发展大势、中国与世界的关系、我国发展历史方位和世界坐标作出战略判断和精准定位。习近平总书记指出：“领导干部要胸怀两个大局，一个是中华民族伟大复兴的战略全局，一个是世界百年未有之大变局，这是我们谋划工作的基本出发点。”① 党员干部要以宏观战略眼光和辩证思维研判趋势、把准方向，保持定力、掌控大局，有效应对风险挑战，做好各项工作。

有的党员干部对“两个大局”提出的重大背景和战略意义把握不到位，对国情世情深刻认识不到位，在中华民族伟大复兴的成就和前景、国际格局和国际体系正在发生的深刻调整、全球治理体系正在发生的深刻变革、国际力量对比正在发生的革命性变化等方面，还缺乏战略眼光和辩证思维能力；有的党员干部把“两个大局”割裂开来，对“两个大局”相互交织、相互作用、融合交汇的关系把握不准，没有认识到“两

① 《习近平谈治国理政》第三卷，外文出版社 2020 年版，第 77 页。

个大局”是同一时空下的两大趋势，没有把中国的前途命运与世界的前途命运紧密联系起来思考问题、谋划大局；有的党员干部对“两个大局”给我们带来的机遇和挑战、推进中国与世界形成更加良性互动关系的前进方向认识不深刻、把握不到位，对把握好“两个大局”必须坚持党的领导的自觉性、坚定性认识不足。

（二）对新发展阶段判断不到位

党的十九届五中全会提出，全面建成小康社会、实现第一个百年奋斗目标之后，我们要乘势而上开启全面建设社会主义现代化国家新征程、向第二个百年奋斗目标进军，这标志着我国进入了一个新发展阶段。作出这样的战略判断，有着深刻的依据。[①] 一些党员干部身子进入了新阶段，思想和认识还停留在过去，对新发展阶段的定位、内涵和要求认识不足，严重影响和制约了新发展理念的贯彻和新发展格局的构建。

有的党员干部孤立地看待新发展阶段，对新发展阶段与社会主义初级阶段的关系、新发展阶段和我国社会主义发展进程的关系把握不准，把新发展阶段与社会主义初级阶段、社会主义发展进程割裂开来，甚至认为社会主义初级阶段是静态的、一成不变的、停滞不前的阶段；有的党员干部对新发展阶段的主要矛盾认识不到位，特别是对社会主要矛盾的需求主体（即人民）、需求表现（即日益增长的美好生活需要）、供给情况（即不平衡不充分的发展）认识不到位，对社会主要矛盾变化带来的复杂形势任务把握不到位，破解主要矛盾的使命感、责任感不足；有的党员干部对新发展阶段的要求认识不到位，主要是对新发展阶段的发展任务（即全面建设社会主义现代化国家）、发展主题（即高质量发展）、发展环境（即“两个大局”）认识不足，对新发展阶段的发展难题估计不足、判断不准，不能深刻把握新发展阶段的本质问题。

① 习近平：《深入学习坚决贯彻党的十九届五中全会精神　确保全面建设社会主义现代化国家开好局》，《人民日报》2021年1月12日。

（三）对“四大考验”“四大危险”判断不到位

党的十八大以来，坚持推进全面从严治党，清除了党内存在的严重隐患，取得显著成效，但我们丝毫不能懈怠。习近平总书记指出：“党面临的长期执政考验、改革开放考验、市场经济考验、外部环境考验具有长期性和复杂性，党面临的精神懈怠危险、能力不足危险、脱离群众危险、消极腐败危险具有尖锐性和严峻性，这是根据实际情况作出的大判断。”① 对于党中央作出的这个大判断，有的党员干部认识不足，尤其是对“四大考验”的长期性和复杂性认识不足，对“四大危险”的尖锐性和严峻性认识不足。

有的党员干部把“四大考验”挂在嘴上，在实际工作中缺乏深入思考。在成绩面前沾沾自喜，淡化了忧患意识，对“四大考验”存在麻痹思想，实践中考验警惕性不高，缺乏长期作战和艰苦奋斗的准备。对于在长期执政条件下可能出现的一些问题：如何坚定不移推进改革扩大开放、如何推进改革开放迈出新步伐、如何推进社会主义市场经济体制更加完善、如何应对国际形势变化等缺乏深入系统思考和有效应对举措。有的党员干部把“四个危险”写在纸上，对照反思不多，甚至出现了严重的脱离群众和贪污腐败现象。例如，郑州市城市规划局原副局长逯军在记者正常调查“经济适用房建别墅”一事时，质问记者“是替党说话，还是替老百姓说话”，把党和人民群众对立起来，严重影响党的形象。

（四）对全面从严治党判断不到位

全面从严治党，是党的十八大以来党中央抓党的建设的鲜明主题。习近平总书记在十九届中央纪委五次全会上的讲话强调：“全面从严治党首先要从政治上看，不断提高政治判断力、政治领悟力、政治执行

① 习近平：《提高防控能力着力化解重大风险　保持经济持续健康发展社会大局稳定》，《人民日报》2019 年 1 月 22 日。

力。”实践中一些党员干部从政治上判断和把握全面从严治党不到位。

有的党员干部对全面从严治党的引领保障作用认识不足，把党的建设当作一般性工作，就工作讲工作，甚至把腐败问题和政治问题隔离开来，只讲腐败问题不讲政治问题；有的党员干部对党风廉政建设和反腐败斗争的形势和任务把握不到位，对政治问题和经济问题交织、传统腐败和新型腐败交织、腐败问题和不正之风交织的各种现象认识不到位。“少数党员干部政治纪律意识不强，在原则问题和大是大非面前立场摇摆，有的对涉及党的理论和路线方针政策等重大政治问题公开发表反对意见；有的地方和部门对维护党的政治纪律重视不够，个别的甚至对中央方针政策和重大决策部署阳奉阴违。有的党员干部想说什么说什么，想干什么干什么。”①

二、新时代党员干部政治判断力不足的主要原因

新时代党员干部政治判断力不足的原因是多方面的，主要表现在以下三个方面。

（一）政治信仰树不牢

理念是行动的先导，党员干部政治信仰树不牢，是导致政治判断力不足的主要思想根源。理想信念动摇是最危险的动摇，理想信念滑坡是最危险的滑坡。习近平总书记指出：“坚定理想信念，坚守共产党人精神追求，始终是共产党人安身立命的根本。对马克思主义的信仰，对社会主义和共产主义的信念，是共产党人的政治灵魂，是共产党人经受住任何考验的精神支柱。形象地说，理想信念就是共产党人精神上的‘钙’，没有理想信念，理想信念不坚定，精神上就会‘缺钙’，就会得‘软骨病’。”② 实践证明，一些党员干部被“围猎”，就是缘于理想信念

① 中共中央文献研究室：《十八大以来重要文献选编》（上），中央文献出版社 2014 年版，第 133 页。

② 同上，第 80 页。

缺失，党员干部思想上的滑坡，是最严重的病变，这种病变导致正确的是非观、义利观、权力观、事业观缺乏，各种出轨越界现象发生。

党员干部失去基本的政治判断力，归根结底是理想信念出了问题。习近平总书记指出："现实生活中，一些党员干部出这样那样的问题，说到底是信仰迷茫、精神迷失。"[①] 在党员干部队伍中，信仰缺失的现象需要引起高度重视。比如，有的党员干部"以批评和嘲讽马克思主义为'时尚'、为噱头；有的精神空虚，认为共产主义是虚无缥缈的幻想，'不问苍生问鬼神'，热衷于算命看相、求神拜佛，迷信'气功大师'"[②]。有的丧失了对基本问题的判断，在涉及党的领导和中国特色社会主义道路等原则性问题的政治挑衅面前态度暧昧、消极躲避、不敢亮剑，甚至故意模糊立场、耍滑头等。比如，四川省委原副书记李春城精神空虚、信念动摇，功利熏心到了迷信怪力乱神的地步，先后送给"江湖术士"700余万元，让其帮助寻找风水宝地作为祖坟地、做法事以保平安。[③] 一个个案例深刻警醒我们，党员干部一旦背离了自己的初衷和信仰，走向自己的反面，教训就会非常沉痛。

延伸阅读

人心向背

全国人大环资委原副主任白恩培，曾经是一个贫苦农民家庭的儿子，通过组织的培养、出色的工作，39岁就成为延安地委书记，之后又历任多个重要领导岗位，曾先后在青海和云南担任省委书记。然而临近退休，他却因为腐败问题落马。白恩培说："鬼迷心窍，昏了头。我自己一年也有十来万块钱，我爱人她是央企的领导，一年收入也有几十万，完全够了。但是理想信念丢失了，精神追求没有了，突破了做人的

① 中共中央文献研究室：《十八大以来重要文献选编》（上），中央文献出版社2014年版，第80—81页。

② 中共中央文献研究室：《习近平关于全面从严治党论述摘编》，中央文献出版社2016年版，第61页。

③ 《"不问苍生问鬼神"》，北京纪检监察网，2014年12月17日。

底线，连法律的红线也触摸了。我悔恨，共产党多年培养的省委书记，怎么变成这样子，我给党组织带来的损失太大了。”

（《永远在路上》，中国方正出版社2016年版，第5-7页。）

（二）政治立场站不稳

坚定政治立场，是保持党员干部先进性和纯洁性的重要条件。党员干部政治立场站不稳，必然导致政治判断力不足。一是表现在马克思主义立场站不稳。有的党员干部对马克思主义理解不深、理解不透，在运用马克思主义立场、观点、方法上功力不足。有的对马克思主义存在模糊甚至错误认识，认为马克思主义已经过时，中国现在搞的不是马克思主义；有的说马克思主义只是一种意识形态说教，没有学术上的学理性和系统性。有的领域中马克思主义被边缘化、空泛化、标签化，甚至在一些学科中“失语”、教材中“失踪”、论坛上“失声”。[①] 习近平总书记指出，这种情况必须引起我们高度重视。二是表现在人民立场有所动摇。有的党员干部对“人民是历史的创造者，人民是真正的英雄”这一唯物史观树得不牢；有的党员干部对党的根本宗旨有所淡化，群众观点树不牢，坚持人民主体地位的思想自觉、坚持以人民为中心发展的实践自觉不足；有的党员干部积极回应社会诉求的意识缺失，满足人民日益增长的美好生活需要的意识和能力，坚持把党的群众路线贯彻到治国理政各方面的意识和能力不足。影响党群干群关系的“四风”问题尚未得到根治，形式主义、官僚主义一定程度存在，正确处理党同人民群众血肉联系的根本态度与方法尚未得到全面确立，还存在脱离群众的现象。

（三）政治生态遭破坏

政治生态是党风、政风、社会风气的综合体现，其优劣与否直接影

① 习近平：《论党的宣传思想工作》，中央文献出版社2020年版，第221页。

响党员干部的政治判断力。习近平总书记指出：“政治生态好，人心就顺、正气就足；政治生态不好，就会人心涣散、弊病丛生。当前，有的地方和部门正气不彰、邪气不祛；‘明规矩’名存实亡，‘潜规则’大行其道；求真务实、埋头苦干的受到排挤，好大喜功、急功近利的如鱼得水。这种风气不纠正、不扭转，对干部队伍杀伤力很大。”① 一个时期以来，党内政治生态遭到破坏，积极健康的政治价值观尚未确立，严重影响了党员干部政治判断力的提高。

政治生态遭到破坏的一个突出表现是，一些潜规则侵入党内，有的人甚至以深谙其道为荣。这些潜规则形形色色、五花八门，必须引起我们高度警觉。主要表现为：在思想政治上，一些人信奉“马列主义对人，自由主义对己”，“两个嘴巴说话，两张面孔做人”；在组织生活中，一些人信奉“自我批评摆情况，相互批评提希望”，“你不批我，我不批你；你若批我，我必批你”，“上级对下级，哄着护着；下级对上级，捧着抬着；同级对同级，包着让着”；在执行政策中，一些人信奉“遇到黄灯跑过去，遇到红灯绕过去”，“不求百姓拍手，只求领导点头”。② 这些潜规则乍看起来无影无踪，但在实践中却无处不在，听起来似乎悖情悖理，但在实践中却畅通无阻，成为腐蚀党员干部、败坏党的风气的沉疴毒瘤，极大弱化了党员干部的政治判断力。

第三节　新时代提高党员干部政治判断力的基本要求

党员干部的政治判断力不是天生具备的，必须持之以恒不断提高。新时代提高党员干部政治判断力尤其要注重以下五个方面。

---

① 习近平：《在第十八届中央纪律检查委员会第六次全体会议上的讲话》，人民出版社 2016 年版，第 14 页。

② 中共中央文献研究室：《习近平关于全面从严治党论述摘编》，中央文献出版社 2016 年版，第 28 页。

一、牢牢把握政治判断的三个标尺

政治判断力蕴含着一定的政治理念、政治价值和政治立场。新时代党员干部要牢牢把握政治判断的三个根本标尺，即以国家政治安全为大、以人民为重、以坚持和发展中国特色社会主义为本。

（一）以国家政治安全为大

习近平总书记在十九届中央国家安全委员会第一次会议上强调，必须“坚持人民安全、政治安全、国家利益至上的有机统一，人民安全是国家安全的宗旨，政治安全是国家安全的根本，国家利益至上是国家安全的准则，实现人民安居乐业、党的长期执政、国家长治久安”。政治安全就是在政治方面免于内外各种因素侵害和威胁的一种状态，国家政治安全，意味着国家主权、国家政权、国家政治制度、国家政治秩序以及意识形态等方面免受威胁、侵犯、颠覆、破坏。政治安全对外集中表现为国家的主权独立、领土完整；对内集中表现为坚持中国共产党的领导、坚持人民民主专政、坚持社会主义政治制度、坚持马克思主义意识形态的主导地位，其核心是政权安全、制度安全，国家政治安全能否保障，这是判断一切政治现象的标尺。在新时代，政治安全是国家安全体系的根本与核心，决定和影响着国家的经济安全、军事安全、社会安全等其他各个领域的安全，其他领域的安全最终也是为了维护国家政治安全。

党员干部要深入学习贯彻总体国家安全观，增强维护国家政治安全的意识，在涉及国家政治安全的各个方面，始终坚守阵地，做到守土有责、守土负责、守土尽责。要统筹发展和安全，增强忧患意识，始终做到居安思危。自觉坚持和维护党对国家安全的绝对领导，自觉坚持马克思主义在意识形态领域的指导地位，自觉贯彻落实维护国家安全的体制机制、法律法规。要坚持战略思维，树立底线思维，坚决守住维护政权稳固、政治制度和社会政治秩序稳定的底线。

（二）坚持以人民为重

我们党的根基在人民、血脉在人民，人民是我们党执政的最大底气。以人民为重，是党的根本宗旨的体现。1945 年 4 月 24 日，毛泽东在党的七大上作《论联合政府》报告中强调："我们共产党人区别于其他任何政党的又一个显著的标志，就是和最广大的人民群众取得最密切的联系。全心全意地为人民服务，一刻也不脱离群众；一切从人民的利益出发，而不是从个人或小集团的利益出发；向人民负责和向党的领导机关负责的一致性；这些就是我们的出发点。"[①] 报告中毛泽东第一次把全心全意为人民服务的问题，提到"宗旨"的高度。自党的七大以来，为人民服务一直是党坚持的惟一宗旨。坚持以人民为重，首先就要坚持好党的根本宗旨。这一宗旨，任何时候都不能偏离和背弃，党员干部首先得有这样的基本判断。

坚持以人民为重，要贯彻党的群众路线。《中国共产党章程》明确规定："我们党的最大政治优势是密切联系群众，党执政后的最大危险是脱离群众。党风问题、党同人民群众联系问题是关系党的生死存亡的问题。"要把人民拥护不拥护、赞成不赞成、高兴不高兴、答应不答应作为判断一切政治现象和工作得失的根本标准。要坚持民心是最大的政治，把社情民意作为观察政治问题的晴雨表。坚持把群众路线贯彻到治国理政全过程和方方面面，切实解决人民群众最关心、最直接、最现实的利益问题。要切实改进作风，力戒形式主义、官僚主义。

坚持以人民为重，要落实以人民为中心的发展思想。习近平总书记反复强调："为什么人、靠什么人的问题，是检验一个政党、一个政权性质的试金石。"[②] 坚持以人民为重，就是看待问题、谋划工作都要坚持人民至上，把人民利益摆在至高无上的地位，不断把为人民造福事业推向前进。要坚持以人民为中心的发展理念，把赢得民心民意、汇集民

---

① 《毛泽东选集》第三卷，人民出版社 1991 年版，第 1094—1095 页。

② 《习近平谈治国理政》第二卷，外文出版社 2017 年版，第 52 页。

智民力作为重要着力点，把人民对美好生活的向往作为奋斗目标。只有坚持以人民为重，我们党长期执政和国家长治久安才有最坚实的基础，才能保证党员干部的坚定政治立场和正确政治方向，才能为提高政治判断力提供源源不断的力量。

延伸阅读

我将无我、不负人民

2015年9月22日下午，美国华盛顿州西雅图市，在华盛顿州当地政府和美国友好团体联合举行的欢迎宴会上，800余位出席者聆听着一位异国元首的演讲。他告诉宾客，上世纪60年代末，自己插队当农民，那时的农村非常落后，今天，虽然那个小山村发生了翻天覆地的变化，但是，中国还有许多贫困人口和贫困地区。他所到之地，那些贫困家庭"渴望幸福生活的眼神深深印在我的脑海里"。他提高了声音有力地说：中国梦必须同人民对美好生活的向往结合起来才能取得成功。台下，掌声如雷，来宾无不为演讲者的真挚情怀所打动。

演讲者，正是中共中央总书记、中国国家主席习近平。

从延安的黄土地上走来，在中国人民的期盼中承担起历史的使命。党的十八大以来，习近平总书记反复告诫我们：中国共产党人的初心和使命就是为中国人民谋幸福，为中华民族谋复兴。人民立场是中国共产党的根本政治立场，全党同志要把人民放在心中最高位置，践行全心全意为人民服务的根本宗旨，把党的群众路线贯彻到治国理政全部活动之中，把人民对美好生活的向往作为奋斗目标，依靠人民创造历史伟业。

（高骥：《人民立场是我们的根基》，《中国纪检监察报》，2019年8月6日。）

（三）以坚持和发展中国特色社会主义为本

中国特色社会主义是党和人民历尽千辛万苦、付出巨大代价取得的根本成就。历史已经充分证明，只有社会主义才能救中国。历史还将继续证明，只有坚持和发展中国特色社会主义才能实现中华民族伟大复兴。坚持和发展中国特色社会主义，是改革开放以来我们党的全部理论和实践的主题，是当代中国发展进步的根本方向。

以坚持和发展中国特色社会主义为本，首先，要高举中国特色社会主义伟大旗帜。一个党、一个国家，举什么旗帜，是关系党和国家前途命运的重大原则问题。旗帜就是形象，旗帜决定方向，旗帜凝聚力量。我们党一贯重视旗帜问题。毛泽东曾经说过："主义譬如一面旗帜，旗帜立起了，大家才有所指望，才有所趋赴。"① 中国特色社会主义是当代中国发展进步的旗帜，是全党和全国各族人民团结奋斗的旗帜。在工作中，党员干部在重大原则、大是大非面前，在重大考验、重大斗争面前，都要以是否符合中国特色社会主义发展方向为依据。其次，要坚定不移走中国特色社会主义道路。道路决定命运，习近平总书记指出："道路问题是关系党的事业兴衰成败第一位的问题，道路就是党的生命。中国特色社会主义，是科学社会主义理论逻辑和中国社会发展历史逻辑的辩证统一，是根植于中国大地、反映中国人民意愿、适应中国和时代发展进步要求的科学社会主义，是全面建成小康社会、加快推进社会主义现代化、实现中华民族伟大复兴的必由之路。"② 党员干部在面对重大政治考验时，都要看是否符合中国特色社会主义道路，是否符合党的基本路线，是否符合"五位一体"总体布局和"四个全面"战略布局的要求，是否体现全体人民共同富裕、促进人的全面发展的目标。沉着应对不断出现的新情况、新问题，有效化解各种风险挑战。特别是在走什么道路这个重大原则问题上，必须旗帜鲜明，不为任何风险所惧，不为任何干扰所惑。最后，要坚持和完善中国特色社会主义制度。中国特色社会主义制度，是当代中国发展进步的根本制度，是具有鲜明中国特色、明显制度优势、强大自我完善能力的先进制度。这一制度，是包含根本制度、基本制度、重要制度在内的制度体系，在新中国成立以来70多年的实践中，已彰显出巨大的优势。党员干部面对重大政治考验

---

① 谭希培：《马克思主义理论前沿问题研究》，中南大学出版社2009年版，第125页。

② 《十八大以来重要文献选编》（上），中央文献出版社2014年版，第117—118页。

时，要坚定制度自信，一切政治行为都要在这个制度体系内进行。

二、增强科学把握形势变化的能力

对形势变化作出科学把握和正确判断，是制定方针政策、描绘发展蓝图的前提和依据。党员干部只有善于从政治上观大势、谋全局，在形势变化中判断方向、谋划战略，才能正确把握事物发展总体趋势和方向，从根本上解决问题。

（一）观察分析形势首先要把握政治因素

我们党对党员干部的要求，首先是政治上的要求。习近平总书记指出："作为党的干部，不论在什么地方、在哪个岗位上工作，都要增强党性立场和政治意识，经得起风浪考验，不能在政治方向上走岔了、走偏了。"① 党员干部观察分析形势必须牢牢把握政治因素，这是由政治问题这个根本性的大问题所决定的，也是党员干部的第一身份所决定的。

党员干部要从根本性大问题的视野观察分析形势。想问题、做决策，都要从观大势、谋全局的战略高度出发，自觉从党和国家工作大局出发做判断、下结论、做工作，做到一切服从大局、一切服务大局。党员干部要从"第一身份"出发观察分析形势。习近平总书记强调："无论在哪个方面、哪个部门、哪个地方工作的党员干部，首先要明白自己的第一身份是共产党员，第一职责是为党工作，第一目标是为民谋利，始终把党和人民放在首位，不断提高自身的能力和本领，切实为人民执好政、掌好权。"② 这就要求党员干部必须旗帜鲜明讲政治，把"四个意识"融入自己的灵魂和血液，无论是在思想上还是在行动上都要坚守党员干部为党工作"第一职责"，任何时候任何情况下都要和党中央保持高度一致。在重大问题面前作出判断和决策时，要看是否符合政治原

---

① 《十八大以来重要文献选编》（中），中央文献出版社 2016 年版，第 322 页。

② 习近平：《之江新语》，浙江人民出版社 2007 年版，第 84 页。

则、政治方向，是否守住了政治纪律和规矩底线，是否维护了党和人民的利益，避免出现全局性失误。党员干部要从复杂的事物中分辨政治因素。在事物的对立统一中，辨别出容易诱发政治问题特别是重大突发事件的敏感因素、苗头性倾向性问题，以及具体事物背后可能隐藏的政治因素和政治问题。

延伸阅读

毛泽东“被骂”

1941 年 6 月 3 日，陕甘宁边区政府召开县长联席会议，突然天降大雨，电闪雷鸣，参加会议的延川县代县长当场被雷电击死。同时一位农民的一头毛驴也被雷电击死。这个农民逢人便说：老天爷不睁眼，咋不打死毛泽东。保卫部门听到后要追究这个农民，毛泽东知道后加以阻止，并说要想想我们做了什么错事引起群众反感。后来检查发现是陕甘宁边区公粮征多了，1941 年征 20 万担，部分群众因负担太重而不满。于是中央决定减征公粮，1942 年征的公粮降为 16 万担，同时开展大生产运动，减轻农民负担，受到群众拥护。

（本书编写组：《群众工作》，中共党史出版社 2011 年版，第 212 页。）

（二）科学把握形势变化要胸怀“两个大局”

“两个大局”是当前和今后很长一段时期我们谋划工作的出发点，是我们党在国情深刻变化下作出的重大判断。习近平总书记指出：“进入新发展阶段，国内外环境的深刻变化既带来一系列新机遇，也带来一系列新挑战，是危机并存、危中有机、危可转机。我们要辩证认识和把握国内外大势，统筹中华民族伟大复兴战略全局和世界百年未有之大变局，深刻认识我国社会主要矛盾发展变化带来的新特征新要求，深刻认识错综复杂的国际环境带来的新矛盾新挑战，增强机遇意识和风险意识，准确识变、科学应变、主动求变，勇于开顶风船，善于转危为机，努力实现更高质量、更有效率、更加公平、更可持续、更为安全的发展。”[①] 党员干部只有胸怀“两个大局”，才能找准出发点，做到方向不骗，避免方向性错误。

党员干部要胸怀“两个大局”，要树立战略思维和全球视野，站在国际国内两个大局相互联系的高度上，审视我国和世界的发展。保持战略定力和坚定信念，看大势、明方向、谋长远，不为任何干扰所惑，坚定不移走自己的路，朝着自己的目标前进。要科学认识“两个大局”的内涵，正确处理“两个大局”之间的辩证关系，在同一时空下把握两大趋势，在相互交织中抓住机遇、化解风险。要坚持把中国的前途命运与世界的前途命运紧密联系起来，既要日益走近世界舞台中央，又要在构建人类命运共同体中贡献力量。要准确把握、沉着应对“两个大局”下我们所面对的机遇和挑战，既要看到风险挑战的严重性、长期性、复杂性，更要从政治上、全局上、战略上全面考量风险挑战，立足当前、着眼长远作出的重大决策，始终坚持党的全面领导，增强统筹“两个大局”的制度优势，以治理能力抗击风险挑战。

（三）准确把握“新发展阶段”

习近平总书记指出：“认识和把握我国社会发展的阶段性特征，要坚持辩证唯物主义和历史唯物主义的方法论，从历史和现实、理论和实践、国内和国际等的结合上进行思考，从我国社会发展的历史方位上来思考，从党和国家事业发展大局出发进行思考，得出正确结论。”[②] 准确把握我国发展的阶段性特征，就是要科学判断我国发展所处的形势和历史走向，说到底是准确把握国情的问题。毛泽东说过：“认清中国的国情，乃是认清一切革命问题的基本的根据。”[③] 准确把握这个阶段性特征，对于更好坚持和发展中国特色社会主义，具有重大理论和实践意义。党的十九届五中全会明确作出我国进入新发展阶段的战略判断，党

---

① 习近平：《在经济社会领域专家座谈会上的讲话》，人民出版社 2020 年版，第 4 页。

② 习近平：《高举中国特色社会主义伟大旗帜，为决胜全面小康社会实现中国梦而奋斗》，《人民日报》2017 年 7 月 28 日。

③ 邱守娟：《毛泽东的思想历程》，人民出版社 2003 年版，第 275 页。

员干部必须深刻认识。

首先，要准确把握新发展阶段是社会主义初级阶段中的一个阶段的重要论断。从党的十一届六中全会明确提出我国的“社会主义制度还是处于初级的阶段”，到党的十三大系统阐述社会主义初级阶段理论，揭示社会主义初级阶段的基本矛盾和根本任务，提出党在社会主义初级阶段的基本路线，再到党的十五大提出党在社会主义初级阶段的基本纲领，经过改革开放40多年的发展，我国进入新的发展阶段。这个阶段是社会主义初级阶段中经过几十年积累、站到了新的起点上的一个阶段，是我们党带领人民迎来从站起来、富起来到强起来历史性跨越的新阶段。我们作判断、决策，都要从初级阶段的基本国情出发，不能逾越。其次，要准确把握新发展阶段是我国社会主义发展进程中一个重要阶段的论断。无论是在旗帜、还是道路、制度上都不能偏离社会主义，新发展阶段是社会主义从全面建成小康社会向全面建成社会主义现代化强国“升级转段”的发展阶段。最后，要准确把握新发展阶段的深刻内涵。牢牢把握以推进高质量发展为主题、以贯彻新发展理念为引领、以构建新发展格局为战略任务的要求，深刻认识我国社会主要矛盾变化带来的新特征新要求，把握人民日益增长的美好生活需要，增强解决发展不平衡不充分的针对性；深刻认识和把握发展规律，增强解决发展不平衡不充分问题的系统性；深刻认识经济长期向好的基本面，增强解决发展不平衡不充分问题的信心。

三、增强精准识别现象本质的能力

在纷繁复杂的事物中，精准识别现象本质，有效区分现象和本质，是提高党员干部政治判断力的内在要求。党员干部要透过纷繁复杂现象把握本质、通过一个个局部把握全局，从偶然问题中揭示事物必然性。

（一）善于透过现象看本质

透过现象看本质，是我们党运用马克思主义指导实践的科学方法。通过学习、运用马克思主义立场观点方法，透过纷繁复杂的表面现象把握事物的本质和发展的内在规律，从而科学地认识事物，判断形势。毛泽东指出："一切事物，他的现象同他的本质之间是有矛盾的。人们必须通过对现象的分析和研究，才能了解到事物的本质。"[①] 在实践方面，毛泽东把马克思主义作为"伟大的认识工具"。1946 年 6 月，全面内战爆发。当时，国民党在军队数量、军事装备、后备资源及外来援助等方面，都明显超过共产党。在极其严峻的形势面前，毛泽东从客观存在和事物发展的规律出发，透过现象看本质，发表了"一切反动派都是纸老虎"的著名论断。这一论断产生了巨大力量，极大增强了党和人民军队同国民党反动派作斗争的信心和勇气。1958 年 12 月，毛泽东在《关于帝国主义和一切反动派是不是真老虎的问题》一文中，再次明确指出："从本质上看，从长期上看，从战略上看，必须如实地把帝国主义和一切反动派，都看成纸老虎。从这点上建立我们的战略思想。"[②] 这深刻揭示了事物的本质、内在联系及发展规律。

透过现象看本质，首先，要学会运用马克思主义这个"伟大的认识工具"，通过马克思主义立场观点方法来分析现象这个事物的外部联系，避免被纷繁复杂的现象所迷惑，又要看透本质这个事物的内部联系，二者是统一的。其次，要深入调查研究，通过观察大量的现象，尽可能占有丰富真实的感性材料，在此基础上运用科学的抽象方法，对现象材料进行分析和综合，进行去粗取精、去伪存真、由此及彼、由表及里的工作，获得规律性的认识，以指导实践活动。最后，要向群众学习。要坚持到群众中去、到实践中去，倾听基层干部群众所想所急所盼，了解和掌握真实情况，到群众中找办法，从而做出正

① 《毛泽东文集》第六卷，人民出版社 1999 年版，第 401 页。
② 《毛泽东文集》第七卷，人民出版社 1999 年版，第 456 页。

确的判断和决策。

延伸阅读

任弼时始终坚持向群众学习

在长期的革命实践中，任弼时坚持向群众学习，善于向群众学习，注重从人民群众中汲取智慧和力量去解决实际问题。

1943年6月，为纪念中国共产党成立22周年，任弼时撰写《共产党员应当善于向群众学习》一文，深刻阐述了为什么要向群众学习以及如何向群众学习，并明确指出向群众学习的目的在于“改造我们党员的思想方法、工作方法，更加密切党与群众的联系”。任弼时分析说：“我党领袖毛泽东同志之所以伟大，所以高明，所以领导正确，就在于他能够虚心向群众学习。”“毛泽东同志的思想方法与工作方法最大的特点，就是他的强烈的群众观念，他的虚心向群众学习的态度。他使理论与实践统一，学习与工作一致。他使马列主义具体化、中国化，同时使群众的斗争脱离盲目性、自发性，成为自觉的运动。”

任弼时指出，向群众学习事关理论与实践能否密切联系，马列主义能否具体化与发展。任弼时指出，“理论与实践在我们的学习与工作中，是密切不可分离的”。“学习马列主义理论的目的，就是为了从这些学习中能够得到方法，得到经验，去帮助我们解决实际问题”。“必须善于向群众学习，善于去总结群众斗争经验，找出其教训与规律。当我们抓到了规律后，便使我们的行动由盲目的变为自由的，有明确的方向，并按一定的计划前进”。

（王黎锋：《任弼时始终坚持向群众学习》，《福建党史月刊》2016年第6期。）

（二）提高政治敏锐性和政治鉴别力

习近平总书记在中央党校（国家行政学院）2020年中青年干部培训班开班式上强调：“要不断提高政治敏锐性和政治鉴别力，观察分析形势首先要把握政治因素，特别是要能够透过现象看本质，做到眼睛亮、见事早、行动快。”党员干部要善于从政治上判断形势、分析问题，敏锐洞察和鉴别社会经济、政治和思想文化领域的各种现象，正确分析和处理各种社会矛盾。首先，党员干部要做到“眼睛亮”。要练就“火眼金睛”，在大是大非面前，脑子要特别清醒，眼睛要特别明亮，态度要特别鲜明，切实坚定政治立场和政治方向。要时时处处坚持政治原则，特别是有效抵制腐朽思想文化和各种错误思潮的侵蚀和影响。其次，党员干部要做到“见事早”。凡事要有提前预判的意识，做到明察秋毫、见微知著，及时发现一些潜在性、隐蔽性问题。最后，党员干部要“行动快”。遇事要学会举一反三，勇于担当、敢于负责，及时作出决策，切实把问题和矛盾解决在萌芽状态，有效防范和化解政治风险，确保国家长治久安和人民幸福安康。

此外，党员干部要做到“四个善于”。第一，善于思考涉及党和国家工作大局的根本性、全局性、长远性问题。根本性问题就是本源性、最重要的问题，全局性问题就是主体、基础和主要层面的问题，长远性问题则是长期性、战略性问题。党员干部要坚持从党和国家大局、大势出发思考和谋划工作，做到在重大问题和关键环节上头脑特别清醒、立场特别坚定。第二，善于从一般事务中发现政治问题。党员干部要透过一般性问题，参透其中的政治因素，分析一般性问题背后的政治原则、政治方向。第三，善于从倾向性、苗头性问题中发现政治端倪。党员干部要增强敏锐性，时刻保持政治上的敏感度，绷紧政治上的弦，无论是在思想领域还是在政治活动中，对意识形态领域各种错误思潮、模糊认识、不良现象，要坚决抵制。对容易引发政治问题的敏感因素、倾向性和苗头性问题，要保持高度警惕。切实做到见微知著，睹始知终。第四，善于从错综复杂的矛盾关系中把握政治逻辑。面对错综复杂的矛盾关系，党员干部要善于从政治上看待问题、解决问题，要从纷繁复杂的现象中把握事物背后的客观规律、遵循客观规律，并用以指导问题的解决；无论是坚持党的领导还是坚持中国特色社会主义，都确保立场不移、方向不偏。

四、增强清醒明辨行为是非的能力

《礼记·中庸》说："博学之，审问之，慎思之，明辨之，笃行之。"习近平总书记 2014 年 5 月在北京大学师生座谈会上强调："要明辨，善于明辨是非，善于决断选择。"能否明辨行为是非，是党员干部政治立场是否坚定的基本要素。政治上的是与非，首先要看对待党的基本理论、基本路线、基本方略以及党和国家的基本制度、基本历史的立场和态度。党员干部只有树牢正确的是非观，做到善于明辨是非、善于决断选择，才能始终保持鲜明的是非观念和共产党人的政治本色。

（一）坚决站稳政治立场

立场是人们认识和处理问题时所处的地位和所持的态度。对于一个政党来说，坚持什么样的立场是一个根本性的问题，事关前途命运。马克思、恩格斯在《共产党宣言》中就明确指出："过去的一切运动都是少数人的，或者为少数人谋利益的运动。无产阶级的运动是绝大多数人的，为绝大多数人谋利益的独立的运动。"习近平总书记在庆祝中国共产党成立 95 周年大会上指出："人民立场是中国共产党的根本政治立场，是马克思主义政党区别于其他政党的显著标志。"人民立场，是马克思主义唯物史观的必然结论，是我们党的性质和宗旨的本质体现，也是党的群众路线的根本要求，新时代党员干部必须牢牢坚守这一根本政治立场。

党员干部要始终牢记为中国人民谋幸福、为中华民族谋复兴的初心和使命，要始终把不忘初心、牢记使命作为终身课题，始终践行好全心全意为人民服务的根本宗旨，坚持一切为了人民、一切依靠人民。要始终坚持人民至上，把人民放在心中最高位置，遇事为人民着想、处事为人民谋利，切实为人民群众排忧解难。作决策、谋划工作要从维护人民利益的角度出发，从群众的现实需要出发，站在群众的角度思考问题。要深入群众，真诚倾听群众呼声，真实反映他们的愿望，真情关心他们的疾苦，依法保障他们的各项权益。党员干部要尊重群众，坚持人民主体地位，切忌做官当老爷。坚持问政于民、问需于民、问计于民，带领人民创造幸福生活，并从人民群众实践中汲取智慧和力量，不断夯实党执政的基础。

延伸阅读

坚定站稳群众立场的先进示范——沈浩

2004 年 2 月，沈浩被安徽省委组织部、省财政厅选派到小岗村担任村党委第一书记，一干就是 6 个年头，2009 年 11 月因劳累过度，倒在工作岗位上，年仅 46 岁。当时的小岗村地处偏远、交通不便，有人用“一朝越过温饱线，20 年没进富裕门”来形容，2003 年全村人均收入只有 2300 元，村集体还欠债几万元。6 年来，他带领群众修好了水泥路，办起了优质养殖示范区，引进和新建一批企业和项目，建起了大包干纪念馆发展旅游业，建立了养老院，让困难群众都住进了 160 平方米的两层楼房，带领小岗村人描绘了社会主义新农村的蓝图。他床头贴着村民联系电话。大门从不上锁，谁都能推门而入。群众说：“村里的大事小情、百姓疾苦他都知道。”小岗村民舍不得他们的好书记，沈浩两次任期届满，为了留下他，小岗村人两次在请愿信后按下红通通的“红手印”。沈浩的努力换来了小岗村面貌的巨大改变。村民都说：沈浩在小岗村的 6 年，是小岗村发展最快的 6 年，是村民受益最大的 6 年，也是小岗村树立新形象的 6 年。2008 年，小岗村农民人均纯收入达 6600 元，是 2003 年的 2.87 倍，比全县农民人均纯收入高出 2000 多元。

（《领导干部廉洁从政教育读本》，中国方正出版社 2012 年版，第 44 页。）

（二）在大是大非面前保持政治定力

习近平总书记在《做焦裕禄式的县委书记》中讲道：“讲团结不是要搞一团和气，讲和谐不是要‘和稀泥’。”在大是大非问题上，要有正确立场和鲜明态度，敢于站出来说话，敢于表明自己的态度。《关于新形势下党内政治生活的若干准则》明确要求，党员干部在大是大非面前不能态度暧昧，不能动摇基本政治立场，不能被错误言论所左右。在大是大非面前保持政治定力，是党员干部修身立德的重要方面。

在大是大非面前保持政治定力，最根本的是坚定理想信念。党员干部要加强“补钙壮骨”，练就“金刚不坏之身”，在思想上政治上排除各种干扰和困惑，始终坚守共产党人的精神追求。要坚持不懈抓好理论武装，夯实坚定共产主义理想和社会主义信念的思想理论基础，确保理论上的清醒和坚定。党员干部要坚持知行合一，加强实践锻炼，端正价值取向和精神追求，培育健康生活情趣，在各种风险和诱惑考验面前信念不动摇，在波谲云诡的形势面前廓清迷雾、心明眼亮，始终做到政治方向不偏移。党员干部要严肃党内政治生活，严守党的纪律规矩，特别是要严守政治纪律和政治规矩，牢记党员干部哪些可为、哪些不可为，牢牢守住底线。

（三）辨别政治是非要自觉划清“四个重大界限”

思想是行动的先导。习近平总书记在总结古今中外国家兴衰成败的经验时指出：“一个政权的瓦解往往是从思想领域开始的，政治动荡、政权更迭可能在一夜之间发生，但思想演化是个长期过程。思想防线被攻破了，其他防线就很难守住。”[①] 在我国，经济建设是党的中心工作，意识形态工作是党的一项极端重要的工作。因此，我们必须牢牢掌握意识形态工作的领导权，做好意识形态工作。党员干部要增强政治敏锐性和政治鉴别力，胸怀大局、把握大势、着眼大事，其中很重要的就是要自觉划清“四个重大界限”，做到因势而谋、应势而动、顺势而为。

一是要自觉划清马克思主义同反马克思主义的界限，在政治立场和政治路线上，坚持马克思主义在意识形态领域指导地位的根本制度，要和那些反马克思主义的思想观点和现象作斗争。二是要自觉划清社会主义基本经济制度同私有化和单一公有制的界限，始终坚持和完善公有制

---

① 《十八大以来重要文献选编》（上），中央文献出版社 2014 年版，第 481 页。

为主体、多种所有制经济共同发展，按劳分配为主体、多种分配方式并存，社会主义市场经济体制等社会主义基本经济制度。三是要自觉划清中国特色社会主义民主同西方资本主义民主的界限，坚定不移走中国特色社会主义政治发展道路，坚持党的领导、人民当家作主、依法治国有机统一，充分发挥我国制度优势。四是要自觉划清社会主义思想文化同封建主义、资本主义腐朽思想文化的界限，坚持和完善繁荣发展社会主义先进文化的制度，巩固全体人民团结奋斗的共同思想基础。

五、增强有效抵御风险挑战的能力

统筹安全和发展，增强忧患意识，做到居安思危，是我们党治国理政的一条重大原则。习近平总书记指出："我们的事业越前进、越发展，新情况新问题就会越多，面临的风险和挑战就会越多，面对的不可预料的事情就会越多。我们必须增强忧患意识，做到居安思危。"[①] 新时代党员干部提高政治判断力，必须要增强有效抵御风险挑战的能力，在重大风险挑战面前敢于斗争，为保持社会大局稳定和实现国家长治久安不懈奋斗。

（一）切实增强风险防范意识

我们要清醒认识到，应对重大风险挑战是实现中华民族伟大复兴绕不过的门槛，加之面对"两个大局"，我国正处于各方面风险不断积累和集中显露的时期。要常观大势、常思大局，对形势发展趋势和可能隐藏其中的风险挑战做到科学预见、未雨绸缪。习近平总书记 2019 年 1 月在省部级主要领导干部坚持底线思维着力防范化解重大风险专题研讨班开班式上强调："面对波谲云诡的国际形势、复杂敏感的周边环境、艰巨繁重的改革发展稳定任务，我们必须始终保持高度警惕，既要高度警惕'黑天鹅'事件，也要防范'灰犀牛'事件；既要有防范风险的先

---

① 习近平：《关于坚持和发展中国特色社会主义的几个问题》，《求是》2019 年第 7 期。

手，也要有应对和化解风险挑战的高招；既要打好防范和抵御风险的有准备之战，也要打好化险为夷、转危为机的战略主动战。”面对新长征路上的艰难险阻，党员干部必须要牢固树立风险意识，时刻准备应对重大挑战、抵御重大风险、克服重大阻力、解决重大矛盾。要认真总结我们党防范风险挑战、应对突发事件的历史经验，深刻认识增强忧患意识、防范风险挑战的重大意义。要增强防范和应对意识，坚持系统思维、底线思维，重点把握政治矛盾风险挑战，特别是要关注那些经济、社会、文化、生态领域的矛盾风险挑战可能会转化为政治矛盾风险挑战。

（二）准确判断和把握重大风险挑战

我们所面对的风险挑战涵盖方方面面，包括政治安全风险、意识形态安全风险、经济发展风险、科技安全风险、社会稳定风险、生态安全风险、生物安全风险、外部环境风险、党的建设面临的风险、重大公共卫生风险，此外还包括粮食、能源、军事等领域面临的风险。这些风险挑战，既有危害中国共产党领导和我国社会主义制度的各种风险挑战，又有危害我国主权、安全、发展利益的各种风险挑战，既有危害我国核心利益和重大原则的各种风险挑战，还有危害我国人民根本利益的各种风险挑战，同时还有危害我国实现“两个一百年”奋斗目标、实现中华民族伟大复兴的各种风险挑战。新时代党员干部要准确判断各领域重大风险挑战，既把握全局又突出重点，特别是要重点抓住和防范那些可能迟滞或中断中华民族伟大复兴进程的全局性风险，这是提高政治判断力的一个极为重要的方面。

此外，党员干部还要高度关注不同领域风险交叉问题。习近平总书记在十九届中央政治局第六次集体学习时指出：“要高度重视并及时阻断不同领域风险的转化通道，避免各领域风险产生交叉感染，防止非公共性风险扩大为公共性风险、非政治性风险蔓延为政治风险。”党员干部要通过准确预判，避免小的矛盾风险挑战发展成大的矛盾风险挑战，避免局部的矛盾风险挑战发展成系统的矛盾风险挑战，避免国际上的矛盾风险挑战演变为国内的矛盾风险挑战，避免经济、社会、文化、生态领域的矛盾风险挑战转化为政治矛盾风险挑战，最终危及党的执政地位、危及国家安全。

（三）发扬斗争精神，增强斗争本领

习近平总书记2019年1月在省部级主要领导干部坚持底线思维着力防范化解重大风险专题研讨班开班式上强调指出，“防范化解重大风险，需要有充沛顽强的斗争精神”。有效抵御风险挑战，党员干部既要保持政治上的清醒和坚定，又要发扬斗争精神、增强斗争本领。党员干部首先要发扬斗争精神，敢于斗争，不在困难面前低头，更不能在挑战面前退缩。在风险考验和惊涛骇浪面前，不能回避困难、忽视矛盾，不能消极懈怠、无所作为，更不能贪图享受。党员干部要以守土有责、守土负责、守土尽责的责任担当，自觉地投身到防范化解风险挑战的斗争中，做到敢挑重担、敢于出击、敢战能胜。

党员干部要提高斗争本领，善于斗争，妥善应对好每一个重大风险挑战。提高斗争本领，牢记我们的斗争不是为了斗争而斗争，也不是为了一己私利而斗争，而是为了实现人民对美好生活的向往、实现中华民族伟大复兴知重负重、苦干实干、攻坚克难。用“五个面对”来衡量党员干部是否善于斗争、敢于斗争，即面对大是大非敢不敢亮剑、面对矛盾敢不敢迎难而上、面对危机敢不敢挺身而出、面对失误敢不敢承担责任、面对歪风邪气敢不敢坚决斗争。党员干部要提高斗争艺术，讲究策略方法。在各种重大斗争中，坚持增强忧患意识和保持战略定力相统一、坚持战略判断和战术决断相统一、坚持斗争过程和斗争实效相统一。

延伸阅读

张闻天：忠于党忠于人民的一生

张闻天，1900年8月生，上海浦东人。1925年加入中国共产党，同年赴苏联莫斯科中山大学、红色教授学院学习，1930年回国，1931

年任中共中央宣传部部长，临时中央政治局委员、常委。1933 年，张闻天进入江西中央革命根据地，次年任中央政治局委员、中央书记处书记，1934 年 10 月参加长征。遵义会议到抗战初期，是党的总书记，对中国革命和建设事业作出了巨大贡献，在我们党的历史上享有崇高的历史地位。

张闻天的一生，是忠于党忠于人民的一生。每次重大选择，都是讲政治的选择，具有政治敏锐性和政治鉴别力的选择。在五四运动中，他是青年学生中自觉积极传播马克思主义的第一人，邓小平称他是“五四新文化运动的热情战士”；张闻天积极参加 20 世纪 30 年代初的中国社会性质论战，是马克思主义者在这场论战中取得胜利的奠基人；张闻天是“左”倾领导集团中起来反对“左”倾错误的第一人，率先在某些局部否定共产国际、斯大林及临时中央的“左”的策略；张闻天在遵义会议上首先站出来作反对中央领导单纯军事防御路线的报告，对第一次历史转折的实现作出了不可磨灭的贡献；张闻天与毛泽东紧密合作，战胜了张国焘的逃跑主义和分裂主义，领导红军三大主力胜利会师，取得二万五千里长征的伟大胜利；张闻天和毛泽东等一起，领导党和红军，确立了抗日民族统一战线的策略，实现了第二次国共合作，为中国共产党和人民武装力量的发展、壮大以及抗战的胜利，奠定了坚实的基础；张闻天在延安整风运动中深刻地检讨“左”倾错误，成为自觉开展自我批评的榜样；新中国成立前夕，张闻天科学地分析了东北经济构成，提出了东北经济建设基本方针，对新中国建立后的经济建设方针提供了重要的决策参考；张闻天在庐山会议上的发言，运用马克思列宁主义对“大跃进”以来的经验教训进行了全面、深刻、科学的理论总结；张闻天在“文革”中所写的肇庆文稿，是批判“左”倾错误的光辉篇章，是马克思主义中国化的理论丰碑。

由此，毛泽东同志在延安时曾经对中央苏区时期的张闻天有过这样的评论：“张闻天在中央苏区是颇有影响的人物。这不只是因为他的地位和身份，还有他本身的因素。”邓小平同志在 1979 年 8 月 25 日张闻天追悼会上致悼词中说：“张闻天同志的一生，是革命的一生，是忠于党、忠于人民的一生。”江泽民同志在纪念张闻天同志诞辰一百周年座谈会上的讲话中说：“张闻天同志具有深厚的马克思主义理论修养、高度的党性原则和敏锐的政治眼光，他一生光明磊落，无私无畏。我们缅怀张闻天同志，要学习他对党和人民事业的坚定信念，不论环境多么恶劣，道路多么崎岖，都一往无前，矢志不移。学习他敢于坚持真理、修正错误的崇高品德，当实践证明自己犯了错误的时候，勇于改正错误，同时也敢于坚持正确意见。学习他孜孜不倦、刻苦学习的精神，善于运用马克思主义的立场、观点、方法研究和解决实践中出现的新情况新问题。学习他实事求是、谦虚谨慎、艰苦朴素的优良作风，坚持深入实际，调查研究，密切联系群众，全心全意为人民服务，自觉当好人民的公仆。”

张闻天同志在长达半个多世纪的革命生涯中，以深厚的马克思主义理论修养、高度的党性原则和敏锐的政治眼光，竭忠尽智，执着探索，把毕生精力无私奉献给了党和人民，不愧是共产党人的楷模，革命知识分子的典范。

（郭敬丹、吴振东：《张闻天：忠于党忠于人民的一生》，《人民日报》2019年10月28日；中央党史和文献研究院：《竭忠尽智　执着探索——纪念张闻天同志诞辰120周年》，《人民日报》2020年8月30日；张珊珍：《张闻天的人格魅力》，《学习时报》2017年5月22日；程中原：《张闻天在中共党史上的十大贡献》，《北京日报》2011年2月14日。）

第五章

旗帜鲜明讲政治必须提高政治领悟力

讲政治必须提高政治领悟力。领导干部特别是高级领导干部担的是政治责任，必须对党中央精神深入学习、融会贯通，坚持用党中央精神分析形势、推动工作，始终同党中央保持高度一致。中央政治局的同志是贯彻落实党中央精神的重要组织者和推动者，更应该不断提高政治领悟力，对“国之大者”了然于胸，明确自己的职责定位。

——习近平总书记在中共中央政治局 2020 年 12 月召开的民主生活会上的讲话

毛泽东说过：“人办一切事情都难免这种情形，有比较地会办和比较地不会办之分罢了。事情要求比较地会办。”① 为什么在同样的情形下，有些人会把事情办成了，有些人把事情办歪了，而有些人却把事情办砸了？原因有很多，其中一个重要原因是和一个人的领悟力密切相关。何谓领悟力？通俗点说，领悟力就是“悟性”，指一个人理解、领会、感悟的能力。在领导科学中，领悟力是领导力的根基，如果领导者没有较强的领悟力，那领导力也就无从谈起。领悟力强调在认识世界的过程中要善于对事物进行由表及里、由现象到本质的思考和认识。在实际工作中，领悟力主要是指领会意图、总结经验、探索规律、举一反三的能力。显然，如果一个人的领悟力强，看问题就准、干事效率就高、工作就会做得好。

把讲政治与领悟力结合起来，就构成政治领悟力。简言之，政治领悟力是指领会、理解党的理论路线方针和政策的能力。具体来讲，政治领悟力是指党员干部在学习领会党中央决策部署上的把握和吸收能力，就是明确自己的职责定位，对“国之大者”了然于胸，始终在思想上政治上行动上同党中央保持高度一致。党员干部要提高政治领悟力，既体现在对马克思主义理论、习近平新时代中国特色社会主义思想和党中央精神的系统性把握上，也体现在对工作方向性的把握上，还体现在能否将党中央精神与本地区本单位工作实际很好地结合上。

---

① 《毛泽东同志论教育工作》，人民出版社 1958 年版，第 110 页。

第一节 充分认识提高政治领悟力的重大意义

习近平总书记指出："一个民族、一个国家，必须知道自己是谁，是从哪里来的，要到哪里去，想明白了、想对了，就要坚定不移朝着目标前进。"[①] 要做到想明白、想对，必须有较强的领悟力。政治领悟力是党员干部政治能力的重要方面，新时代必须不断提高党员干部的政治领悟力，这具有重要意义。

一、提高政治领悟力是实现党的历史使命的迫切需要

中国共产党自诞生之日起，就肩负着一个光荣而伟大的任务，那就是带领中国人民实现国家独立和民族解放，实现国家富强和人民富裕。中国共产党深刻领悟并自觉承担起了这个重大历史使命，从成立这一天起，我们党就把实现共产主义作为最高理想和最终目标，义无反顾肩负起实现中华民族伟大复兴的历史使命。一路走来，我们党团结带领人民进行了艰苦卓绝的斗争，谱写了气吞山河的壮丽史诗。

我们党成立初期，围绕国家独立和民族解放的目标和使命，把自身的命运与国家、民族的命运紧紧地联系在一起，在以俄为师的过程中开展了一段时间的城市革命。随着大革命的失败，中国共产党有了更加透彻的领悟和觉醒。突出表现就是在八七会议上，毛泽东提出"须知政权是由枪杆子中取得的"，八七会议后，瞿秋白征求毛泽东去上海中央机关工作的意见，毛泽东表示"不愿去大城市住高楼大厦，愿到农村去，上山结交绿林朋友"[②]。这实际上是开启了实行土地革命和武装起义的道路。毛泽东在 1927 年 9 月的一次讲话中再次讲道："大城市现在不是

---

① 《习近平：一个民族须知自己是谁，从哪里来，到哪里去》，《人民日报》2014 年 5 月 5 日。

② 《毛泽东思想年谱》（1893—1949）上卷，中央文献出版社 1993 年版，第 206—207 页。

我们要去的地方，我们要到敌人统治比较薄弱的农村去，发动农民群众，实行土地革命。”①

在党的百年奋斗历程中，中国共产党领导中国人民实现了从“东亚病夫”到站起来的伟大飞跃、从站起来到富起来的伟大飞跃，迎来了从富起来到强起来的伟大飞跃。我们为什么会取得这些辉煌成就？中国共产党人深刻领悟到无论是革命、建设还是改革，都必须走自己的路；深刻领悟到只有社会主义才能救中国，只有中国特色社会主义才能发展中国。面向未来，要实现中华民族伟大复兴的历史使命，更好地推进党和国家各项事业发展，就必须不断提高党员干部的政治领悟力。

二、提高政治领悟力是推进马克思主义中国化的必然要求

“只有清晰的理论分析才能在错综复杂的事实中指明正确的道路。”② 马克思主义是关于无产阶级和人类解放的科学，是关于无产阶级斗争的性质、目的和解放条件的学说，揭示了人类社会发展规律。我们党自成立以来，就深刻领悟到马克思主义真理的力量。毛泽东深刻指出：“自从马克思主义产生以来的 100 多年的时间内，只是在有了俄国布尔什维克领导事业革命、领导社会主义建设和战胜法西斯侵略的榜样的时候，才在世界范围内建立了和发展了新式的革命党。自从有了这样的革命党，世界革命的面目就起了变化了。这个变化是如此巨大，以致使老一辈的人们完全不能设想的变革都轰轰烈烈地出现了。中国共产党就是依照苏联共产党的榜样建立起来的和发展起来的一个党。自从有了中国共产党，中国革命的面貌就焕然一新了。”③

十月革命一声炮响，给中国送来了马克思列宁主义。中国共产党作为无产阶级政党，从诞生起就拥有马克思主义这个“自己的精神武器”。中国共产党用马克思主义武装了自己，拥有了无产阶级政党区别于其他

① 《毛泽东思想年谱》（1893—1949）上卷，中央文献出版社 1993 年版，第 218 页。

② 《马克思恩格斯全集》第三十七卷，人民出版社 1971 年版，第 283 页。

③ 《毛泽东选集》第四卷，人民出版社 1991 年版，第 1357 页。

政党的本质特征。这就是："共产党人同其他无产阶级政党不同的地方只是：一方面，在无产者不同的民族的斗争中，共产党人强调和坚持整个无产阶级共同的不分民族的利益；另一方面，在无产阶级和资产阶级的斗争所经历的各个发展阶段上，共产党人始终代表整个运动的利益。"① 这既是马克思主义真理的力量，也是中国共产党人政治领悟力的充分体现。习近平总书记指出："我们党是用马克思主义武装起来的政党，始终把为中国人民谋幸福、为中华民族谋复兴作为自己的初心和使命，并一以贯之体现到党的全部奋斗之中。"② 一路走来，中国共产党人不断提高政治领悟力，深刻地领悟到，马克思主义是指导改造客观世界和主观世界的锐利思想武器；马克思主义必须和中国实际相结合。正是这种很好的结合，在思考中国为什么要革命、进行什么样的革命、怎样革命的过程中，创立了毛泽东思想，指引新民主主义革命取得了胜利。新中国成立后特别是改革开放以来，共产党人深刻领悟到用马克思主义作为指导，必须解决中国的时代课题和实际问题，围绕什么是社会主义、怎样建设社会主义，建设什么样的党、怎样建设党，实现什么样的发展、怎样实现发展等重大时代课题，我们党先后创立、形成了邓小平理论、"三个代表"重要思想、科学发展观。

习近平总书记指出："马克思主义指引中国成功走上了全面建设社会主义现代化强国的康庄大道，中国共产党人作为马克思主义的忠诚信奉者、坚定实践者，正在为坚持和发展马克思主义而执着努力！"③ 党的十八大以来，以习近平同志为核心的党中央以过硬的政治领悟力，围绕在新时代坚持和发展什么样的中国特色社会主义，怎样坚持和发展中国特色社会主义这一重大时代课题，进行了艰辛理论探索，取得了重大理论创新成果，形成了习近平新时代中国特色社会主义思想，这是马克思主义中国化最新成果。一路走来，马克思主义及其中国化的一系列成果，始终滋养着共产党人，引领着共产党人不断前进。正是我们党有着

---

① 《马克思恩格斯选集》第一卷，人民出版社 1995 年版，第 285 页。
② 《习近平谈治国理政》第三卷，外文出版社 2020 年版，第 530 页。
③ 《十九大以来重要文献选编》（上），中央文献出版社 2019 年版，第 428 页。

过硬的政治领悟力，才能不断推进理论创新。面向未来，要想更好地推进马克思主义中国化，必然要求我们党不断提高自身的政治领悟力。

三、提高政治领悟力是正确贯彻落实党中央精神的前提条件

心中有数，才能行为有底。政治领悟力先于政治执行力，是政治实践的先导，是政策执行的“前一公里”，对正确贯彻落实党中央精神起着重要作用。政治领悟力是党员干部正确理解党中央精神、正确贯彻落实党中央精神的前提。有了过硬的政治领悟力，党员干部就会知道党和国家在关注什么、强调什么，就会按照党中央的要求去做好自己的本职工作。实践充分证明，如果没有过硬的政治领悟力，在贯彻落实党中央精神时就很容易出现偏差，甚至会犯政治性错误。2018 年 7 月以来，陕西西安“秦岭违建别墅拆除”事件备受社会关注。中央、省、市三级打响秦岭保卫战，秦岭北麓西安段共有 1194 栋违建别墅被列为查处整治对象。习近平总书记曾对秦岭违建别墅严重破坏生态问题和秦岭生态环境保护先后六次作出重要批示指示。这次拆违整治，中央指派中纪委副书记、国家监委副主任徐令义担任专项整治工作组组长，徐令义指出：“为什么党中央的明确要求，在一些地方贯彻落实得不认真、不彻底？表态的调门很高，落实的效果差，甚至阳奉阴违？归结起来就是违建别墅它是一个表象，不讲政治是根本。”① 秦岭北麓违建别墅问题背后充分暴露出一些党员干部政治意识不强、政治领悟力不高的问题。如果一些党员干部能深刻领悟习近平生态文明思想、习近平总书记的重要批示指示，这些严重违反政治纪律的行为或许就会避免！

党的十九大报告指出，中国特色社会主义进入了新时代，这是我国发展新的历史方位。新时代的新事物、新情况、新问题、新任务和新目标，对广大党员干部的政治领悟力提出了新的更高的要求。比如，新时代如何统筹推进“五位一体”总体布局和协调推进“四个全面”战略布

① 《一抓到底正风纪！秦岭违建整治始末》，《人民日报》2019 年 1 月 10 日。

局，如何坚持和完善中国特色社会主义制度、推进国家治理体系和治理能力现代化，如何做好群众工作、满足人民日益增长的美好生活需要，如何在新发展阶段加快构建以国内大循环为主体、国内国际双循环相互促进的新发展格局……要想较好地完成党中央部署的这些重大任务，首先必须深刻领会党中央的意图，明白里面的来龙去脉。如果一名党员干部的政治领悟力不高，不能正确地领会党中央的意图、吃透党中央精神，这些重大任务就不可能很好地贯彻执行，很容易导致贯彻执行的变形走样。这就要求广大党员干部要不断提高自身的政治领悟力，为贯彻落实好党中央精神打下坚实基础。

延伸阅读

突破观念束缚，让正定找到一条发展新路

正定是传统农业县，改革开放让正定有了从单一农业向农、工、多（多种经营）的调整，但调整后的效益局限还是让正定跳不出“农”和“穷”的圈子。从对穷村和富村的调研中发现，富村无一例外都是破了“单农”，脱了“固穷”，冲出县域以多种渠道和城市需求挂上了钩。于是，以典型引路为突破，习近平同志因时就势明确提出了“半城郊型”经济发展路子。在实践中，摸索出以城市为依托，“搞配套、补缺口、钻空档、抓冷门”的经验，总结了“投其所好、供其所需、取其所长、补其所短、应其所变”的二十字方针。虽然还只是摸着石头过河，但总算开始自觉关注对岸所在的方向了。

当年，正定突破旧的生产关系，较早实行了“大包干”。在河北省尚未部署的情况下，正定担着“枪打出头鸟”的风险。这种风险，在县委、县政府领导脑子里也有反映，常委班子意见也不尽一致。但从对党的政策的深入理解中，从对正定农业发展的分析中，从群众意愿的反映中，习近平同志和县委、县政府还是认定“大包干”是解放生产力的方向所在。因此就放手在全省全地区率先推出里双店公社试点，一年下来，农业产值和人均生活水平都翻了一番。里双店试点的成功不但带动了全县，而且外县外省参观取经的人也络绎不绝。“大包干”普遍推开，

还连带唤醒了几十年休眠的河滩地。正定北部有三大沙荒河滩地约14万亩，占全县总耕地面积的27%。在抓重点的基础上，全县推开改造工程。统一规划，50亩为一方，每方打机井一眼，周围种植防护林带。然后下放给农户承包，种植自主权、继承权30年不变。经过农户舍得工夫和投入的改造，沙滩地也像好地一样种植花生、红薯、小杂粮，变成了农户的“小粮仓”。

（中央党校采访实录编辑室：《习近平在正定》，中共中央党校出版社2019年版，第264—265页。）

第二节 新时代党员干部政治领悟力不足的表现及原因

当前，绝大多数党员干部具备过硬的政治领悟力，涌现出焦裕禄、孔繁森、黄大年、李保国、廖俊波、黄文秀等优秀共产党员，他们能够深刻领会党的宗旨，准确把握党中央精神，用自己的实际行动践行中国共产党人的初心和使命。同时，我们更应该清醒地看到，面对新形势新任务，个别党员干部的政治领悟力不足，与党中央的要求还有一定差距。

一、新时代党员干部政治领悟力不足的突出表现

当前，个别党员干部还不具备与所在岗位相匹配的政治领悟力，主要表现在以下三个方面。

（一）对党中央精神理解不透

政治领悟力决定着党员干部对党中央精神领会的高度、深度和广度。现实工作中，有的党员干部对党中央精神的理论逻辑、实践逻辑认识模糊，理解不透。2019年5月28日，江苏省无锡市锡山区教育局在开展扫黑除恶专项排查时，因相关负责人对政策理解错误、把握不准，

要求幼儿园填报“学生涉黑涉恶情况表”，造成重大负面影响。

在现实工作中，有的党员干部认为自己对“四个意识”和“四个自信”很熟悉，但对其政治意义和深刻内涵把握不深不透。有的党员干部整天把“两个维护”说在嘴上，但不能完整说出“两个维护”到底指什么，有什么明确的要求。有的党员干部对党中央精神“知其然不知其所以然”，没有深入理解党中央为什么要提出这样的要求和部署，提出这样的要求和部署的背景是什么，这样的要求和部署依据是什么，这样的要求和部署与其他的要求和部署有什么联系。比如，党的十九届五中全会提出要构建新发展格局，有的党员干部领悟力不足，就不能理解为什么“十四五”时期要构建新发展格局。此外，有的党员干部不能把党中央精神和本地区本单位实际情况很好地结合，不能创造性开展工作。

（二）对自己的职责定位不明确

党员干部的一言一行、一举一动都事关党的形象。每个党员干部都生活在一个组织中，党员干部要准确找到自己在组织中的职责定位。共产党员要时刻强化党的意识，牢记自己的第一职责是为党工作。然而现实工作中，有的党员干部忘记了自己的“第一身份”，没有充分认识到“第一身份”的具体要求。个别党员干部抱怨组织生活太频繁，质疑党费缴纳太多，关键时刻站不出来，这些都是党员干部意识不强的突出表现。

在工作中，有的领导班子成员对自己的职责领悟不准。一个单位的党委书记要善于当“班长”，发挥班子的合力；副职要做好与正职的配合、与其他副职的配合。但是，有些正职武断、专横、听不进不同意见，对副职随意指责。有些副职没有认清自己的职责，经常不请示、不汇报，擅自专权，拉山头，架空正职。例如，2020 年被“双开”的福建省厦门市思明区科技和信息化局原局长叶加河曾自诩为“四最”局长，声称：“我在科信局，年龄最大、职位最高、资格最老、业务最强，因为这四个‘最’，可以说我在局里拥有绝对权力。”[①] 审查调查人员介

① 王珍：《德不配位　必有灾殃》，《中国纪检监察报》2020 年 6 月 10 日。

绍，叶加河大搞“一言堂”，使民主集中制形同虚设。

此外，有的领导干部尤其是“一把手”把组织交付的“责任田”当作为所欲为的“自留地”。例如，辽宁省本溪钢铁（集团）建设有限责任公司路桥公司原总经理具本瑾总觉得自己是“一把手”，班子会议、党组会议就是走个过场，履行个程序；党章、党规、党纪，制度、程序、监督、制约，都成了摆设。又如，辽宁省抚顺矿业集团有限责任公司原董事长尹亮，“忘记了自己是党的领导干部，忘记了自己管理的是党领导下的国有企业，总把自己看作是企业老板，把党组织当作摆设，自身行为严重偏离党和国家指引的方向”[①]。

（三）对“国之大者”心中无数

党员干部对“国之大者”要心中有数，时刻关注党中央在关心什么、强调什么，这是党员干部政治领悟力强的集中体现。但是，有的党员干部尤其是领导干部认为，“国之大者”都是党和国家的大事，是“关键少数”应该关心的事，与自己没有直接关系。有的党员干部不知道党和国家重点关注什么、强调什么，不知道党中央禁止什么，不自觉地就在工作中出现了偏差，犯了无法挽回的错误。

从近年来各级纪委、监委的通报来看，党员干部违纪问题主要涉及违反中央八项规定、疫情防控、复工复产、脱贫攻坚、扫黑除恶、生态环境保护等方面，这些问题都是党中央反复强调、极为重视的大事。而有的党员干部却不重视，心中无数。在脱贫攻坚方面，有的党员干部对党中央的要求领悟不深，导致在实际工作中贯彻执行不力。比如，黔南布依族苗族自治州三都水族自治县作为贵州省深度贫困县，县委原书记梁嘉庚担当脱贫攻坚政治责任不力，贯彻落实中央决策部署阳奉阴违、自行其是，在中央及贵州省委三令五申的背景下，却耗费巨资举办与脱贫攻坚毫不相干的“汽车拉力赛”“武林大会”等活动，大搞形象工程、

① 薛鹏：《梳理落马国企高管腐败“病根”，警示国企领导人员——牢记“第一职责”自觉接受监督》，《中国纪检监察报》2019 年 1 月 18 日。

政绩工程。①

二、新时代党员干部政治领悟力不足的主要原因

新时代党员干部政治领悟力不足的主要原因，可以归纳为以下三个方面。

（一）不重视理论武装

理论上清醒是政治上坚定的前提。党员干部政治领悟力的高低，与自身的马克思主义理论水平有着直接关系。而马克思主义理论水平的高低与理论学习有直接关系。当前，个别党员干部不重视理论学习，没有深刻认识到学习的重要性和紧迫性，学习意识淡薄，对习近平总书记关于政治能力和政治领悟力的重要论述一无所知或知之甚少，更谈不上在理论上深刻领会和在实践中积极践行。

第一，对党的创新理论学习不够。在革命、建设和改革不同时期，我们党不断推进马克思主义中国化，创立了毛泽东思想、邓小平理论、“三个代表”重要思想、科学发展观、习近平新时代中国特色社会主义思想，这是我们党的指导思想和行动指南，也是党员干部的“必修课”。然而在实践中，有的党员干部对这些理论的学习自觉性不够，被动学习；有的就理论而学理论，甚至是形式主义式的学习；有的在学习过程中，浅尝辄止、蜻蜓点水，不入脑入心；有的在学习之后，联系实际分析问题不够，学习成效不明显。

第二，对各方面知识的学习不够。习近平总书记在庆祝中国共产党成立 95 周年大会上指出：“各级领导干部要加快知识更新、加强实践锻炼，使专业素养和工作能力跟上时代节拍，避免少知而迷、无知而乱，努力成为做好工作的行家里手。”当前，有的党员干部疲于应付日常工

---

① 夏红民：《贵州在上下联动中增强巡视巡察威慑力，护航脱贫攻坚——巡视巡察联动 利剑直插基层》，《中国纪检监察》2018 年第 21 期。

作，对专业知识、业务知识的更新学习不够；有的党员干部专业素养不高，学而不深、学而不用，学习表面化，久而久之产生了学习惰性。

第三，对方法论的学习不够。有的党员干部对马克思主义方法论的学习不够，对遇到的问题不能用辩证唯物主义、历史唯物主义的世界观方法论去分析；有的对贯穿在习近平新时代中国特色社会主义思想中的马克思主义思想方法和工作方法学习不够、领悟不深，特别是一些党员干部对坚持实事求是、坚持战略定力、坚持问题导向、坚持全面协调、坚持底线思维、坚持历史担当等方面的学习严重不足。

（二）工作中不注重思考

孔子曰："学而不思则罔。"这句话深刻道出了学习与思考的辩证关系。思考是把学习的知识内化于心的重要环节，不思考的学习是迷茫的。有的党员干部政治领悟力差，很大程度上与工作中不注重思考相关。

第一，对如何处理好政治与业务的关系思考不够。有的党员干部没有搞清楚政治和业务是什么关系？有的认为自己是做业务的，和政治无关；有的认为业务和政治距离比较远。有的党员干部很在意自己的专业技术人员身份，对专业技能、专业素养、专业精神要求很高，不断追求业务上的进步。但是，对如何做一名合格党员不清楚，对党的理论路线方针和政策以及党史、新中国史、改革开放史、社会主义发展史不熟悉，对"中国共产党为什么能、马克思主义为什么行、中国特色社会主义为什么好"这些重大理论问题不清楚。

第二，不善于从政治的角度去思考问题。党员干部思考问题的角度很重要。善于从政治上去思考问题是对党员干部的基本要求。比如，如何正确看待全面从严治党？首先要从政治上去看。当前，为什么形式主义、官僚主义还是比较突出？有的党员干部没有从讲政治的高度来审视，没有认识到形式主义的背后其实是功利主义、实用主义作祟，官僚主义背后是官本位思想、价值观走偏。所以，如果不从讲政治的角度去思考问题，往往就会看不到问题的实质，政治领悟力自然不会提高。

（三）不注重加强政治历练

“纸上得来终觉浅，绝知此事要躬行。”实践出真知，实践出人才。党员干部的政治领悟力不是与生俱来的，是在实践中砥砺磨练出来的。当前，有的党员干部不注重在复杂的斗争实践中加强政治历练，导致政治经验少，政治能力弱。党员干部的政治历练，从一定意义上说就是斗争的历练。有的党员干部不愿意投身到各种斗争中去，在歪风邪气面前不敢坚决斗争。

严肃认真的党内政治生活是党员干部提高政治能力的“大熔炉”。有的党员干部不注重党内政治生活锻炼，在工作中没有贯彻落实好《关于新形势下党内政治生活的若干准则》，党内政治生活不规范、不严肃，党内政治生活的政治性、时代性、原则性、战斗性不强，党员干部是非界限不明确，容易受到错误思想的侵蚀。比如，没有发挥好批评和自我批评的作用。批评和自我批评是我们党强身治病、保持肌体健康的锐利武器，也是加强和规范党内政治生活的重要手段。目前，一些地方和单位党内政治生活存在庸俗化、不严肃的问题，有的党员干部当老好人，不能很好运用批评和自我批评这一有力武器扫除“思想灰尘”。正如习近平总书记在第十八届中央纪律检查委员会第六次全体会议上一针见血地指出批评难的症结所在，“自我批评难，相互批评更难。难就难在为人情所困，为利益所惑，怕结怨树敌、怕引火烧身”。

第三节　新时代提高党员干部政治领悟力的基本要求

党员干部只有具备过硬的政治领悟力，才会对坚持党的领导不动摇，在党言党、在党忧党、在党爱党、在党护党。新时代提高党员干部政治领悟力，需要多管齐下，综合施策，久久为功。

一、着力深化理论武装

理论上清醒，政治上才能坚定。党员干部提高政治领悟力，首先必须着力深化理论武装。我们党历来重视抓全党特别是各级领导干部的学习，这是推动党和人民事业发展的一条成功经验。《中国共产党章程》明确规定了党员的第一条义务："认真学习马克思列宁主义、毛泽东思想、邓小平理论、'三个代表'重要思想、科学发展观、习近平新时代中国特色社会主义思想，学习党的路线、方针、政策和决议，学习党的基本知识，学习科学、文化、法律和业务知识，努力提高为人民服务的本领。"可见，党员干部的学习不仅事关个人素养的提升，更关系到党和国家事业的发展。

（一）深入学习掌握马克思主义理论

马克思主义是科学的理论，揭示了人类社会发展的一般规律。习近平总书记指出："马克思主义及其在中国的发展，为党和人民事业发展提供了既一脉相承又与时俱进的科学理论指导，为增进全党全国各族人民团结统一提供了坚实思想基础。马克思主义是我们立党立国的根本指导思想。背离或放弃马克思主义，我们党就会失去灵魂、迷失方向。在坚持马克思主义指导地位这一根本问题上，我们必须坚定不移，任何时候任何情况下都不能有丝毫动摇。"①

第一，马克思主义理论是共产党人的看家本领。马克思主义是我们立党立国的根本指导思想。习近平总书记在中央党校建校 80 周年庆祝大会暨 2013 年春季学期开学典礼上强调："首先要认真学习马克思主义理论，这是我们做好一切工作的看家本领，也是领导干部必须普遍掌握的工作制胜的看家本领。"习近平总书记还指出："党的各级领导干部特别是高级干部，要原原本本学习和研读经典著作，努力把马克思主义哲

① 习近平：《在庆祝中国共产党成立 95 周年大会上的讲话》，《人民日报》2016 年 7 月 2 日。

学作为自己的看家本领，坚定理想信念，坚持正确政治方向，提高战略思维能力、综合决策能力、驾驭全局能力，团结带领人民不断书写改革开放历史新篇章。”① 马克思主义哲学本质上是对客观世界和人类社会发展一般规律认识的理论结晶，是中国共产党人认识世界、改造世界的科学世界观和方法论，在当今时代依然有着强大生命力，是指导我们共产党人前进的强大思想武器。把马克思主义理论作为“看家本领”，既是我们立党立国、治党治国的优势，又是我们思想理论上的灵魂。所以，习近平总书记一再强调“马克思列宁主义、毛泽东思想一定不能丢，丢了就丧失根本”②。

第二，练就看家本领必须勤于读书。毛泽东曾说过：“马克思主义，你要找它，它就会回来，你不找它，它就不会回来，因为它不晓得你要不要它。”③ 党员干部要系统地阅读马列主义经典著作。对一些经典著作要按照习近平总书记要求的那样“必须专心致志地读、原原本本地读”。2018 年 5 月，在纪念马克思诞辰 200 周年大会上，习近平总书记提到了 5 部马克思主义经典著作：《德意志意识形态》《共产党宣言》《资本论》《青年在选择职业时的考虑》《哥达纲领批判》。广大党员干部要养成多读书、读好书的好习惯，把读书当成一种生活态度、一种工作责任，对重点的书、经典的书，要学习毛泽东那样“每年都把《共产党宣言》读几遍”。那么如何来读呢？要逐字逐段读，要反反复复读，要密切联系实际读，要用心用脑、用手用笔，手脑并用去读。这样才能做到融会贯通，真正学懂、弄通马克思主义，练就自己的看家本领。

（二）学深悟透习近平新时代中国特色社会主义思想

理论创新每前进一步，理论武装就要跟进一步。习近平新时代中国特色社会主义思想，是马克思主义中国化最新成果，是全党全国人民为

---

① 习近平：《在主持中共中央政治局第十二次集体学习时的讲话》，《人民日报》2013 年 12 月 15 日。

② 《习近平谈治国理政》，外文出版社 2014 年版，第 9 页。

③ 林全民：《〈共产党宣言〉句读》，广西师范大学出版社 2020 年版，第 3 页。

实现中华民族伟大复兴而奋斗的行动指南，必须长期坚持并不断发展。广大党员干部要以高度的责任感和使命感，系统学习、深入学习，切实把思想和行动统一到习近平新时代中国特色社会主义思想上来，深入领会其重大政治意义、理论意义、实践意义，切实用习近平新时代中国特色社会主义思想武装头脑、指导实践、推动工作。

第一，读原著、学原文、悟原理，从“本”上领悟其思想精髓。什么是“本”？什么是“末”？这是学懂弄通做实习近平新时代中国特色社会主义思想首先要处理的关系。《习近平谈治国理政》、《习近平新时代中国特色社会主义思想学习纲要》、《习近平新时代中国特色社会主义思想三十讲》、习近平总书记系列重要讲话等，这些是掌握习近平新时代中国特色社会主义思想的“本”。对这些原典性的文本，我们要熟读精读。对文本精神要做到知其言更知其义，知其然更知其所以然，做到深入领会习近平新时代中国特色社会主义思想的核心要义和主要内容；做到掌握贯穿其中的马克思主义立场观点方法。

第二，结合习近平总书记以往地方从政的经历，带着情感学。通过阅读《习近平的七年知青岁月》《习近平在正定》《习近平在宁德》《习近平在厦门》《习近平在福州》等深入这些地区的访谈调研，全方位了解习近平总书记曾经在延安、正定、宁德、厦门、福州等地方的实践经验和成长历程，真切把握习近平新时代中国特色社会主义思想理论脉络，掌握蕴含其中的科学方法和精神。比如，习近平在宁德担任地委书记期间撰写的《摆脱贫困》，不但展现了辩证唯物主义和历史唯物主义的魅力，还体现了马克思主义政治经济学与时俱进的理论品质。结合习近平总书记的任职历程，我们可以更加深刻地理解他心系群众、改善民生的人民情怀，胸怀全局、着眼长远的战略思维，锐意创新、科学决策的改革思路，脚踏实地、求真务实的工作作风，开拓进取、执政为民的领导风范。

延伸阅读

党员干部要学好七门必修课

党员干部要增强学习本领，首先要明确学习内容。学什么？以习近平同志为核心的党中央早已明确。

1. 党章——全体党员的基本功、第一课

认真学习党章是每一位党员干部应尽的义务。习近平总书记指出，“各级领导干部要把学习党章作为必修课，走上新的领导岗位的同志要把学习党章作为第一课”，“学习党章是全体党员的基本功，这个功课要经常做”。

2. 马克思主义理论——做好一切工作的看家本领

学习掌握马克思主义理论是党员干部的基本功。习近平总书记强调，马克思主义理论是我们的必修课，党的各级领导干部和全体党员都应充分重视马克思主义理论学习和研究，自觉用马克思主义科学理论武装头脑，并指导自己的实际工作。

3. 习近平新时代中国特色社会主义思想——伟大复兴的行动指南

深入学习贯彻党的十九大精神，最重要、最根本的就是要深刻学习领会习近平新时代中国特色社会主义思想，自觉用习近平新时代中国特色社会主义思想武装头脑。党的十九大把习近平新时代中国特色社会主义思想确立为我们党必须长期坚持的指导思想，实现了党的指导思想的又一次与时俱进。

4. 党性教育——共产党人的“心学”

2015 年 12 月，习近平总书记在全国党校工作会议上指出，“党性教育是共产党人修身养性的必修课，也是共产党人的‘心学’”。习近平总书记将党性教育比作共产党人的“心学”，这一重要论断从更深层次上指出了党性教育的重要性，其中蕴含的深意值得仔细品味。

5. 党史国史——最好的教科书

习近平总书记高度重视党史国史的学习研究，在主持十八届中央政治局第七次集体学习时强调，“历史是最好的教科书。学习党史、国史，是坚持和发展中国特色社会主义、把党和国家各项事业继续推向前进的必修课。这门功课不仅必修，而且必须修好”。

6. 道德修养——十分重要的人生必修课

人无德不立，国无德不兴。2014 年 5 月，习近平总书记在河南省考察时指出，“面对纷繁复杂的社会现实，党员干部特别是领导干部务必把加强道德修养作为十分重要的人生必修课，努力以道德的力量去赢得人心、赢得事业成就”。

7. 批评和自我批评——党内生活的常态

古人云：“反听之谓聪，内视之谓明，自胜之谓强。”习近平总书记多次强调，要用好批评和自我批评这个防身治病的有力武器，在十八届中央纪委六次全会上明确指出，“要让批评和自我批评成为党内生活的常态，成为每个党员、干部的必修课”。

（尚传斌：《党员干部要学好七门必修课》，《中国纪检监察报》2018 年 2 月 6 日。）

二、在工作中善于思考

傅斯年先生有句名言：“一天只有 21 小时，剩下的 3 小时是用来深思的。”这句话道出了思考的重要性。对于党员干部来说，要把学习和思考结合起来，懂得思考、学会思考、勤于思考、勇于思考，对于砥砺崇高品格，加强党性修养，做好本职工作，服务人民群众都极其重要。

（一）明确思考的内容

善于思考，首先要明确思考的是什么。毛泽东曾指出：“要完全地反映整个的事物，反映事物的本质，反映事物的内部规律，就必须经过思考作用，将丰富的感觉材料加以去粗取精、去伪存真、由此及彼、由表及里的改造制作功夫，造成概念和理论系统，就必须从感性认识到理性认识。”①

① 《毛泽东选集》第一卷，人民出版社 1991 年版，第 290 页。

思考的对象就是事物发展的本质和规律，在此基础上形成概念和理论系统。

第一，思考“十四五”时期面临的机遇和挑战。“十四五”时期是党和国家事业承前启后、继往开来的关键期。习近平总书记在省部级主要领导干部学习贯彻党的十九届五中全会精神专题研讨班开班式上讲话指出：“当前和今后一个时期，虽然我国发展仍然处于重要战略机遇期，但机遇和挑战都有新的发展变化，机遇和挑战之大都前所未有，总体上机遇大于挑战。”这就要求党员干部看待新机遇新挑战要有辩证思维，一分为二，既要认识机遇，还要直面挑战。一方面，党员干部要深刻认识当今世界正经历百年未有之大变局，国际政治、经济、文化、科技、安全等格局正发生重大调整，我国发展面临的国际形势错综复杂；另一方面，党员干部要深刻认识我国社会主要矛盾发展变化带来的新特征新要求，准确把握我国发展的优势条件和问题短板，明确努力方向，锲而不舍实现我们的既定目标。

第二，思考新发展阶段的社会历史条件。毛泽东曾说过：“没有全局在胸，是不会真的投下一着好棋子的。”① 那么如何才能下一着好棋子？党员干部要重点分析开展工作的社会历史条件。开展任何一项工作都要受到特定的社会历史条件的制约。我们党已经进入开启全面建设社会主义现代化国家新征程和向第二个百年奋斗目标进军的新发展阶段，这是我们思考谋划工作的基本出发点。时代的发展有一个从量变到质变的过程。比如，经过改革开放 40 多年的发展，我国社会主义初级阶段蕴含了哪些新的量变和质变，这些都是党员干部必须重点把握的。

（二）明确思考的方法

2018 年 5 月，在与北京大学青年学生交流时，习近平总书记谈道：“那时候我读了一些马列著作，15 岁的我已经有了独立思考能力，在读书过程中通过不断重新审视，达到否定之否定、温故而知新，慢慢觉得

---

① 《毛泽东选集》第一卷，人民出版社 1991 年版，第 221 页。

马克思主义确实是真理，中国共产党领导确实是人民的选择、历史的选择，我们走的社会主义道路确实是一条必由之路。这种通过自己思考、认识得出的结论，就会坚定不移。”这段重要论述为如何进行正确的思考指明了方向，提供了方法。

第一，思考是有边界的，不能盲目思考。整个客观世界都是人认识和思考的对象。思考的对象不仅取决于客体本身，也取决于客体和主体的交互作用。党员干部的“第一身份”“第一职责”就决定了我们思考的范畴。一方面，思考的内容是马克思列宁主义、毛泽东思想、邓小平理论、“三个代表”重要思想、科学发展观、习近平新时代中国特色社会主义思想，党的路线、方针、政策和决议，党的基本知识，科学、文化、法律和业务知识等；另一方面，运用科学的逻辑思维方法进行思考。唯物辩证法是科学的逻辑思维方法，其中包括了归纳和演绎、分析和综合、抽象到具体等方法。在科学的思维过程中，对事物进行“去粗取精、去伪存真、由此及彼、由表及里”的加工制作，从而获得正确的结论。思考的目的是获得真理，提高认识水平。

第二，思考只有经过否定之否定过程才能得出正确结论。人类的认识运动是一个不断反复的运动，它表现为从实践到认识，再由认识到实践的两次飞跃过程，以及“实践—认识—实践”的不断反复和无限发展过程。要获得正确的结论，党员干部必须原原本本学习马克思主义经典著作，形成独立思考的能力后，在实践中不断去检验，系统地积累材料，经常性的反思总结，经过综合、归纳、概括、提高，既对党的理论有整体把握，又能领会好重点和创新点。

第三，“站在最大多数劳动人民的一面”进行换位思考。群众的需要是我们想问题、定方案的主要依据。1947 年 8 月，毛泽东在陕北佳县计划利用地形打一个歼灭战，但是作战的粮食十分紧张，当地县委提议用全县 2 万多头毛驴补充军粮。毛泽东说：“毛驴是老百姓的生产工具，把毛驴杀了怎样恢复生产啊？”① 毛泽东宁愿错过战机也不杀老百

---

① 李世明：《延安时期最管用的文章最给力的事实》，国家行政学院出版社 2013 年版，第 62—63 页。

姓的毛驴，保住了群众的利益，留下了共产党的民心。这个例子告诉党员干部只有善于从群众的角度去思考问题，才会掌握群众的需求，才能发现工作中的不足。党员干部要善于从群众的角度去思考问题，永远站在最大多数人民群众的一面。

三、坚持用党中央精神分析形势、推动工作

认真学习贯彻党中央精神，事关党和国家工作全局，事关中国特色社会主义事业长远发展。党员干部要坚持用党中央精神分析形势、推动工作，一方面要有系统观念，抓住各项工作、各种要素的关联性，提升整体效能；另一方面要有战略性思维，抓住主要矛盾和矛盾的主要方面，紧盯重大战略问题，聚焦重点领域和关键环节。

（一）准确领悟党中央精神

党员干部要坚持用党中央精神分析形势、推动工作，首先要准确领悟党中央精神。党中央精神，是我们党治国理政、管党治党精神的集中体现，涉及党的基本理论、基本路线、基本方略。党中央精神反映了我们党的初心和使命，深刻回答了中国共产党为了什么、依靠什么的问题，这种精神集中表现在党的理论路线方针和政策的方方面面。党员干部准确领悟党中央精神，首先要深刻领会党和国家最重要的利益是什么、最需要坚定维护的立场是什么。习近平总书记深刻指出：“党中央的政策好不好，要看乡亲们是笑还是哭。如果乡亲们笑，这就是好政策，要坚持；如果有人哭，说明政策还要完善和调整。”①这就告诉我们如何来评判政策好不好，里面蕴含的道理不言而喻。

党中央精神是宏观性的，在层层下达的过程中，受知识储备、思维方式等因素影响，不同级别的党员干部可能会有不同的理解。那么，如

---

① 《习近平在贵州调研时强调　看清形势适应趋势发挥优势　善于运用辩证思维谋划发展》，《人民日报》2015 年 6 月 19 日。

何做到准确领悟呢？党员干部在准确领悟党中央精神时，必须结合我国的基本国情，必须立足我国的基本国情。在新时代，社会主要矛盾发生了深刻变化，有人误认为我国基本国情也变了。党的十九大报告指出，我国社会主要矛盾的变化，没有改变我们对我国社会主义所处历史阶段的判断，我国仍处于并将长期处于社会主义初级阶段的基本国情没有变，我国是世界最大发展中国家的国际地位没有变。所以，党员干部在准确领悟党中央精神时，要牢牢把握社会主义初级阶段这个基本国情，牢牢立足社会主义初级阶段这个最大实际。

（二）始终同党中央保持高度一致

党员干部有了对党中央精神的准确领悟，就要始终同党中央保持高度一致。党员干部同党中央保持高度一致必须是全面的、具体的、坚定的，不能有丝毫含糊和摇摆。同党中央保持高度一致，必须牢固树立看齐意识，自觉向以习近平同志为核心的党中央看齐。人心齐，泰山移。向党中央看齐历来是我们共产党人的优良传统。什么是看齐意识？在1945年党的七大预备会议上，毛泽东形象地说："要知道，一个队伍经常是不大整齐的，所以就要常常喊看齐，向左看齐，向右看齐，向中间看齐，我们要向中央基准看齐，向大会基准看齐。看齐是原则，有偏差是实际生活，有了偏差，就喊看齐。"

党的十八大以来，习近平总书记多次强调"看齐意识"。党员干部牢固树立看齐意识，不仅要做到在思想上看齐，更应做到在行动上看齐，达到知行合一。党员干部增强看齐意识，就要明确"向哪里看齐"。习近平总书记强调："各级领导干部要有看齐意识，自觉向党中央看齐，向党的理论和路线方针政策看齐。"① 党的理论和路线方针政策是推动党的各项事业发展的根本遵循。每一名党员干部，无论处在哪个领域、哪个层级、哪个部门和单位，都要主动地、坚定不移地向党的理论和路

---

① 中共中央文献研究室：《习近平关于全面从严治党论述摘编》，中央文献出版社 2016 年版，第 96 页。

线方针政策看齐，增强“看齐”的政治自觉和行动自觉，始终做党的理论和路线方针政策的忠诚实践者，为实现中华民族伟大复兴的中国梦努力奋斗！

延伸阅读

生死攸关的历史转折

1935 年 1 月，党中央政治局在长征途中举行遵义会议。伍修权回忆，在遵义会议上，“有人提出批判和纠正六届四中全会以来的政治错误，毛泽东机智地制止了这种做法。正是这样才团结了更多的同志，全力以赴地解决了当时最为紧迫的军事问题。会后，曾有同志问毛泽东，你早看到了王明那一套是错误的，也早在反对他们，为什么当时不竖起旗帜同他们干，反而让王明的‘左’倾错误统治了四年之久呢？毛泽东说，那时王明危害尚未充分暴露，又打着共产国际的旗号，使人一时不易识破他们。在这种情况下，过早发动斗争，就会造成党和军队的分裂，反而不利于对敌斗争。”

（中共中央党史资料征集委员会、中共中央档案馆：《遵义会议文献》，人民出版社 2009 年版，第 120 页。）

四、对“国之大者”要了然于胸

新时代党员干部不断提高政治领悟力，必须对“国之大者”了然于胸，明确自己的职责定位。那么，如何准确把握习近平总书记强调的“国之大者”的科学内涵？如何做到对国之大者心中有数，提高政治领悟力？不仅是一个重大的理论问题，也是一个重大的实践问题。

（一）准确把握“国之大者”的内涵

近年来，习近平总书记在不同场合多次强调“国之大者”。2020 年 4 月 20 日至 23 日，他在陕西秦岭考察时指出：“要自觉讲政治，对

‘国之大者’要心中有数，要时刻关注党中央在关心什么、强调什么，深刻领会什么是党和国家最重要的利益、什么是最需要坚定维护的立场，要切实把增强‘四个意识’、坚定‘四个自信’、做到‘两个维护’落到行动上，不能只停留在口号上。”2020 年 10 月 10 日，习近平总书记在 2020 年秋季学期中央党校（国家行政学院）中青年干部培训班开班式上强调：“领导干部想问题、作决策，一定要对国之大者心中有数，多打大算盘、算大账，少打小算盘、算小账，善于把地区和部门的工作融入党和国家事业大棋局，做到既为一域争光、更为全局添彩。”

“大者”关乎全局、关乎长远、关乎根本，而“国之大者”则事关方向方位、事关关键要害、事关行稳致远。始终心系“国之大者”，方可不迷惘、不慌乱、不趔行，方可站位高、视野宽、胸襟广，方可有大格局、大担当、大作为。[①] 所谓“国之大者”，从历史逻辑来看，一定是事关全局性、根本性、战略性和长远性的决策部署；必然纳入党中央的顶层设计和决策部署之中，具有重要的政治地位；事关党和国家前途命运、事关中华民族伟大复兴、事关人民幸福安康、事关党和国家社会长治久安的大事。比如，“两个一百年”奋斗目标、中华民族伟大复兴的中国梦，统筹推进“五位一体”总体布局、协调推进“四个全面”战略布局，共同富裕、脱贫攻坚、乡村振兴战略等。从实践逻辑来看，就是强化责任担当，不折不扣抓好中共中央决策部署和政策措施落实。因此，党员干部要按照中央要求，把贯彻党中央精神体现到谋划重大战略、制定重大政策、部署重大任务、推进重大工作的实践中去，经常对表对标，及时校准偏差，做到守土有责、守土负责、守土尽责。

（二）善于把地区和部门工作融入党和国家事业大局

“不谋全局者，不足谋一域。”党员干部要善于把地区和部门的工作融入党和国家事业大局。

首先，善于运用唯物辩证法去分析地方发展。唯物辩证法是党员干

---

① 徐文秀：《心系“国之大者”》，《人民日报》2020 年 6 月 30 日。

部观察世界、判断形势、认清问题的基本方法。党员干部既要看到地方发展有利的一面，又要看到地方发展不利的一面；既要在形势有利时看到潜伏着的不利因素，做好提前应对，又要在形势不利时善于把握蕴藏着的转机和新机，树立扭转不利局面的信心；既要看到近些年地方在经济社会发展上取得的长足进步，又要看到一些新老问题交织在一起。所以，党员干部要正视矛盾问题，不因局部问题影响发展全局，不能使一个地区一个部门的矛盾问题成为阻挡国家大局前进的绊脚石。党员干部不仅要做到把成功的实践上升到理论，以正确的理论指导新的实践，而且还要做到把实践中已见成效的方针政策及时上升为党和国家制度。

其次，正确处理国家利益和地方利益的关系。马克思主义认为政治是经济的集中表现。邓小平曾指出："按照历史唯物主义的观点来讲，正确的政治领导的成果，归根结底要表现在社会生力发展上，人民物质文化生活的改善上。"[①] 一方面，在社会主义社会，人们的根本利益是一致的。人民群众是中国共产党执政的力量之源。正确处理国家利益和地方利益关系的出发点是人民利益至上。另一方面，国家利益优先。整体包含局部，局部构成整体。国家利益与地方利益实质是上级与下级、整体与部分、全局与局部的辩证关系。就全国而言，地方是局部，必须服从于全国这个整体。整体全局优先，局部服从全局、配合全局。此外，还要坚持局部与全局相结合，担当任务，主动作为。抛弃狭隘的小团体观念，树立全国一盘棋的观念，自觉地把本地区、本部门的工作放到全党、全国的工作大局中去思考、去谋划、去把握。

最后，善于在党中央的战略布局中把握住地方发展机遇。古人说，"天赐不取，反受其咎"，一个地方的经济社会发展也是如此。党中央制定的发展目标是具有全局性、前瞻性和方向性的，是各地方各单位制定各自目标的根本遵循。党员干部不能只关心自己任期内的短期目标的实现，还应注重地方长远发展。党员干部要善于在党中央精神和地方发展

---

① 中央财经领导小组办公室：《邓小平经济理论学习纲要》，人民出版社 1997 年版，第 37 页。

实际中寻求结合点，抓住党中央的长期规划和战略布局，在党中央的战略布局中把握发展的重大机遇，从而实现本地区本单位的发展目标与党中央的长期目标有效结合，实现当前利益和长远利益相统一、局部利益和全局利益相统一。

当然，新时代党员干部提高政治领悟力，除了以上几个方面外，在工作中还必须不断加强政治历练。在实践中加强政治历练，积累政治经验，是党员干部提高政治领悟力的重要途径，也是一条成功经验。一是党员干部要自觉接受党内政治生活锻炼。新时代党员干部要认真贯彻落实《关于新形势下党内政治生活的若干准则》，着力增强党内政治生活的政治性、时代性、原则性、战斗性，在严格的党内政治生活中增强政治免疫力、提高政治领悟力。二是党员干部要在复杂斗争实践中加强政治历练。党员干部要积极主动地投身到各种斗争中去，在复杂严峻的斗争实践中经风雨、见世面、壮筋骨，使自身的政治领悟力不断提高。

延伸阅读

向毛泽东学工作方法

1949 年 3 月，毛泽东在党的七届二中全会上专门论述了《党委会的工作方法》，他提出党委应是“大权独揽，小权分散。党委决定，各方去办”，而党委书记要善于当“班长”。任何一个领导都处在一个系统中，领导者进行工作必须学会运用组织、系统，及在组织、系统中进行工作。中国共产党之所以能够成功，在某种程度上正是缘于这样一种组织构架：个人服从组织，少数服从多数，下级服从上级，全党服从中央。按此，党委的核心领导作用、党支部的战斗作用、共产党员的先锋模范作用，都发挥得淋漓尽致。

毛泽东说，一般情况下，党的委员会有一二十个人，像军队的一个班，书记好比是“班长”。要把这个班带好，的确不容易。党委要完成自己的领导任务，必须依靠这“一班人”，充分发挥他们的作用。书记要当好“班长”，就应该很好地学习和研究。书记、副书记如果不注意向自己的“一班人”作宣传工作和组织工作，不善于处理自己和委员之间的关系，不去研究怎样把会议开好，就很难把这“一班人”指挥好。如果这“一班人”动作不整齐，就休想带领千百万人去工作。

（谢春涛：《向毛泽东学习》，中共中央党校出版社 2013 年版。）

第六章

旗帜鲜明讲政治必须提高政治执行力

讲政治必须提高政治执行力。领导干部特别是高级干部要经常同党中央精神对表对标，切实做到党中央提倡的坚决响应，党中央决定的坚决执行，党中央禁止的坚决不做，坚决维护党中央权威和集中统一领导，做到不掉队、不走偏，不折不扣抓好党中央精神贯彻落实。要把坚持底线思维、坚持问题导向贯穿工作始终，做到见微知著、防患于未然。要强化责任意识，知责于心、担责于身、履责于行，敢于直面问题，不回避矛盾，不掩盖问题，出了问题要敢于承担责任。

——习近平总书记在中共中央政治局 2020 年 12 月召开的民主生活会上的讲话

执行和执行力的概念来源于管理学，虽然专家学者从不同的角度作出的解释不尽相同，但一般执行是指团队成员整体或者成员个体将观念形态的政策要求转化为现实形态的具体成效，从本质上讲是一个主观见之于客观的物化过程。执行力一般就是指团队成员整体或者成员个体贯彻组织战略意图，完成组织预定目标、达到组织意愿的能力，执行力体现的既是一个动态的过程，又是一个有机的系统。

中国共产党是按照民主集中制，由中央组织、地方组织、基层组织和党组组成的严密组织体系，党中央制定的大政方针和重大决策部署必须贯彻执行。邓小平曾经指出："中央定了措施，各地各部门就要坚决执行，不但要迅速，而且要很有力，否则就治理不下来。"①从这个意义上说，党的理论、路线、方针和政策在于执行。

政治执行力起着党的理论、路线、方针和政策的目标要求和实际效果之间转化的桥梁和纽带作用。如果缺失政治执行力这一环节，党的理论、路线、方针和政策就无法彰显实际效果，党的执政意图就会落空。因此，各级党组织和党员干部强有力的政治执行力是党完成历史使命、实现目标任务的关键环节。政治执行力是一个完整的系统，包括若干要素，如政治执行力的主体是各级党组织和党员干部。此外，政治执行力需要制度保障、资源支撑、监督控制，还要受环境影响。总之，贯彻习近平总书记关于提高政治执行力的指示要求，一个重要方面就是党员干部要不断提高政治执行力。

---

① 《邓小平文选》第三卷，人民出版社 1993 年版，第 277 页。

第一节　充分认识提高政治执行力的重大意义

为政之要，重在落实。再好的规划蓝图，没有坚决彻底的贯彻执行，都是纸上谈兵。政治执行力是关系到党和国家事业长治久安和兴旺发达的重大问题，提高党员干部政治执行力是党的政治路线、思想路线、群众路线的根本要求，是以习近平同志为核心的党中央治国理政的一个突出特点，具有十分重大的意义。

一、提高政治执行力是党的优良传统的总结继承

我们党自成立之日起，就非常重视提高全党的政治执行力。回顾党的百年历史可以发现，什么时候各地方各单位各部门的党员干部同党中央精神对表对标，切实做到党中央提倡的坚决响应，党中央决定的坚决执行，党中央禁止的坚决不做，一切从实际出发推进各项工作，革命、建设和改革的伟大事业就能顺利推进并取得显著成就，反之，革命、建设和改革的伟大事业就会遭遇挫折乃至停顿。

在新民主主义革命、社会主义革命和社会主义建设时期，毛泽东就强调领导核心的重要性，并指出党要统一根据地党政军民工作，领导核心只有一个，要避免政出多门，防止扯皮现象，就是要集中力量打击敌人。为此，毛泽东强调："政治路线确定之后，干部就是决定的因素。""一切计划、决议、命令、指示等，都属于'出主意'一类。使这一切主意见之实行，必须团结干部，推动他们去做，属于'用干部'一类。"[①] 以毛泽东为代表的中国共产党人围绕"进行什么样的革命、怎样进行革命"这一重大问题，提出了"实事求是"的思想路线，制定了一系列关于中国革命的正确的路线方针政策，成功解决了中国革命道路

① 《毛泽东选集》第二卷，人民出版社 1991 年版，第 526—527 页。

的基本问题，并要求全党要切实提高政治执行力，带领广大人民群众推翻了“三座大山”并取得了新民主主义革命胜利。中华人民共和国成立之后，党员干部根据党中央要求继续提高政治执行力，党带领广大人民群众在顺利完成国民经济恢复和“三大改造”任务之后，开启了在经济文化落后的基础上对全面建设社会主义道路的新探索。

党的十一届三中全会以后，面对改革开放和社会主义现代化建设繁重的任务，邓小平强调：“属于政策、方针的重大问题，国务院也好，全国人大也好，其他方面也好，都要由党员负责干部提到党中央常委会讨论，讨论决定之后再去多方商量，贯彻执行。”① 这一时期，以邓小平为代表的中国共产党人围绕“什么是社会主义、怎样建设社会主义”这一重大问题，坚持实践是检验真理的唯一标准，提出了“解放思想、实事求是”的思想路线，在不断提高全党政治执行力的过程中，带领广大人民群众成功开创了中国特色社会主义。

党的十三届四中全会以后，以江泽民和胡锦涛为代表中国共产党人围绕建设“什么样的党、怎样建设党，实现什么样的发展、怎样发展”等重大问题，解放思想、实事求是、与时俱进、求真务实，把提高党员干部政治执行力贯穿中国特色社会主义伟大事业发展全过程。江泽民强调：“从现在起，要重申一条纪律，凡是中央的决定、决议，都要认认真真地贯彻。中央有关部门和上级党委要加强督促检查。”② 胡锦涛指出：“要坚决维护中央权威，在思想上政治上行动上同党中央保持高度一致，坚决贯彻党的理论和路线方针政策，保证中央政令畅通，决不允许‘上有政策、下有对策’，决不允许有令不行、有禁不止。”③ 正是因为党员干部坚强的政治执行力，才能团结带领广大人民群众把中国特色社会主义全面推向 21 世纪并开启了全面建设小康社会的新征程。

党的十八大以来，以习近平同志为代表的中国共产党人围绕“新时

---

① 《邓小平文选》第三卷，人民出版社 1993 年版，第 319 页。

② 《江泽民文选》第一卷，人民出版社 2006 年版，第 410—411 页。

③ 本书编写组：《十八大报告学习辅导百问》，党建读物出版社、学习出版社 2012 年版，第 49 页。

代坚持和发展什么样的中国特色社会主义、怎样坚持和发展中国特色社会主义”这一重大问题，以科学的理论逻辑回答了时代和实践提出的重大课题，提出治国理政的大政方针和重大决策部署，描绘了21世纪马克思主义发展的光明前景。习近平总书记指出：“各级党组织和领导干部要牢固树立大局观念和全局意识，正确处理保证中央政令畅通和立足实际创造性开展工作的关系，任何具有地方特点的工作部署都必须以贯彻中央精神为前提。”① 党员干部以过硬的政治执行力，带领广大人民群众推动中国特色社会主义伟大事业继续向前发展，即将实现第一个百年奋斗目标，党和国家事业取得了历史性成就、发生了历史性变革，开启了全面建设社会主义现代化国家新征程。因此，把讲政治的要求转化为行动，提高党员干部的政治执行力，是我们党一以贯之的政治要求。

二、提高政治执行力是破解发展难题的现实需要

在整个社会主义初级阶段，发展是解决我国一切问题的基础和关键，而推动发展则要靠各级党组织和党员干部强有力的政治执行力。经过长期发展，中国特色社会主义进入新时代，我国社会主要矛盾已经转变为人民日益增长的美好生活需要和不平衡不充分的发展之间的矛盾，影响满足人民对美好生活需要的因素很多，但主要是发展不平衡不充分的问题。发展既伴随着历史机遇，也会伴随着矛盾风险，这是实现中华民族伟大复兴绕不过的门槛，要应对风险挑战就要勇于直面风险挑战。党的十八大以来，以习近平同志为核心的党中央针对我国发展壮大过程中面临新的风险挑战，反复强调不能回避现实。当前，人民生活的不断改善，人民群众对美好生活的向往更加强烈，人民群众的需求越来越呈现出多样化、多方面和多层次的特点。发展不平衡不充分已经成为满足

① 中共中央文献研究室：《十八大以来重要文献选编》（上），中央文献出版社2014年版，第132页。

人民日益增长的美好生活需要的决定性制约因素，其他的问题归根到底都是由这个问题造成或者派生的。我们要时刻牢记，发展起来以后的问题不比不发展的时候少，要解决这些问题从根本上取决于广大党员干部是否具有强有力的政治执行力。正如习近平总书记所指出的："行百里者半九十。中华民族伟大复兴，绝不是轻轻松松、敲锣打鼓就能实现的。全党必须准备付出更为艰巨、更为艰苦的努力。"[①]

所谓发展不平衡，主要是指发展各个领域不同方面不够平衡，存在"一条腿长、一条腿短"的失衡现象。所谓发展不充分，主要是指发展程度不够高、发展潜力没有充分释放、发展中还有很多短板、发展的任务仍然很繁重。发展不平衡不充分的问题相互交织，带来了很多社会矛盾和问题，是现阶段出现各种矛盾的主要根源。为此，要树立底线思维和忧患意识，做到居安思危，全力应对重大风险挑战。当前，我国正面临着各种风险的不断集聚和集中显现。具体来讲，"我国正处于跨越'中等收入陷阱'并向高收入国家迈进的历史阶段，矛盾和风险比从低收入国家迈向中等收入国家时更多更复杂。改革进入深水区，经济发展进入新常态，各种矛盾叠加，风险隐患集聚。当今世界，国际力量对比发生新的变化，世界经济进入深度调整，我国发展面临的国际环境更加复杂严峻"。[②] 因此，党员干部必须把防风险摆在突出位置，坚持底线思维，聚焦重点难点，提高政治执行力，着力破解突出矛盾和问题，维护好党和国家事业发展的全局。

三、提高政治执行力是实现民族伟大复兴的必然要求

实现中华民族伟大复兴是一项光荣而艰巨的事业，需要各级党组织和党员干部在不断提高政治执行力的过程中带领广大人民群众共同为之

---

① 本书编写组：《党的十九大报告学习辅导百问》，党建读物出版社、学习出版社 2017 版，第 12 页。

② 闻言：《坚持底线思维、增强忧患意识，有效防范和化解前进道路上各种风险挑战——学习〈习近平关于防范风险挑战、应对突发事件论述摘编〉》，《人民日报》2020 年 10 月 1 日。

努力。改革开放以后，我们党提出了“三步走”的战略目标，逐步解决了人民群众的温饱问题，人民群众的生活总体上达到了小康水平。在此基础上，我们党又提出了要在建党一百年的时候全面建成小康社会。党的十九大综合分析国际国内的形势和发展条件，提出了从二〇二〇年到本世纪中叶可以分两个阶段：第一个阶段，从二〇二〇年到二〇三五年，在全面建成小康社会的基础上，再奋斗十五年，基本实现社会主义现代化；第二个阶段，从二〇三五年到本世纪中叶，在基本实现现代化的基础上，再奋斗十五年，把我国建成富强民主文明和谐美丽的社会主义现代化强国。这为实现中华民族伟大复兴的中国梦勾画了路线图和确定了时间表。

当前，我国发展进入新的历史方位，社会主要矛盾发生重大变化，但我国仍处于并将长期处于社会主义初级阶段的基本国情没有变，我国是世界上最大的发展中国家的定位没有变。党的十八大以来，以习近平同志为核心的党中央不忘初心、牢记使命，团结全党全国各族人民进行许多具有新的历史特点的伟大斗争，全面建成小康社会取得了决定性成就。成绩是不容否定的，但是也不能骄傲自满，需要坚持问题导向，客观、冷静地分析我国发展面临的优势和挑战，立足社会主义初级阶段的基本国情，认识和把握发展规律，切实提高党员干部的政治执行力，引导党员干部全面贯彻党的基本理论、基本路线、基本方略，统筹推进“五位一体”总体布局和协调推进“四个全面”战略布局，认真贯彻创新、协调、绿色、开放、共享这一新发展理念，“坚持稳中求进工作总基调，以推动高质量发展为主题，以深化供给侧结构性改革为主线，以改革创新为根本动力，以满足人民日益增长的美好生活需要为根本目的”①，在危机中育先机，于变局中开新局，有效应对风险挑战，充分利用战略机遇，趋利避害，奋勇前行，乘势而上，开启全面建设社会主义现代化国家新征程，为全面建设社会主义现代化国家开好局、起好

① 本书编写组：《党的十九届五中全会〈建议〉学习辅导百问》，党建读物出版社、学习出版社 2020 年版，第 16 页。

步。所以，没有强烈的执行意识，不提高党员干部的政治执行力，党和国家各项工作就难以推进，中国特色社会事业发展就难以打开空间，中华民族伟大复兴的中国梦就不能实现。

第二节 新时代党员干部政治执行力不足的表现及原因

党的十八大以来，在以习近平同志为核心的党中央的领导和推动下，着眼于进行许多具有新的历史特点的伟大斗争，广大党员干部的政治执行力有了明显提高，涌现出了罗阳、兰辉、邹碧华、李保国、廖俊波、黄大年等一大批先进典型，有力促进了党的理论、路线、方针和政策的贯彻落实，党和国家各项事业发生了历史性变革，取得了历史性成就。但是，个别党员干部的政治执行力与党和国家事业发展的要求相比还有不足，制约着党和国家事业的发展，必须高度重视并分析原因。

一、新时代党员干部政治执行力不足的突出表现

当前，党员干部的政治执行力不足的表现不尽相同，突出表现在以下几个方面。

（一）自行其是、阳奉阴违

有的党员干部把自己主政的地方当成“私人领地”，把自己主管的战线当成了一己“采邑”，随心所欲，自行其是，搞山头主义，对党的大政方针阳奉阴违，合意的就执行，不合意的就消极应付，甚至背着党中央另搞一套，进而拉帮结派，搞“小圈子”“拜码头”“搭天线”，相互输送利益，结成利益集团。有的党员干部特别是领导干部在“小圈子”非议党的大政方针，散布与自己身份不相符合的言论，发表不负责任的议论。有的党员干部特别是领导干部对党中央的重大决策部署口号

式、机械式地传达，上下一般粗、左右一个样，不加消化、囫囵吞枣地传达。有的党员干部在工作中空喊口号，热衷于作秀造势，表态多调门高、行动少落实差，做表面文章，过度留痕，以会议贯彻会议、以文件落实文件，缺少落实党中央重大决策部署的具体措施和实际行动。比如，甘肃省委原书记王三运在督查祁连山生态保护工作时，每到一地都反复强调环保问题的极端重要性，提起要求来“口号响当当”，实际行动上却消极应付中央指示，不作为不落实，对祁连山的生态环境破坏负有重大责任。

（二）表面文章、消极应付

有的党员干部的工作粗略看可以，但是经不起仔细看，“面子”不错，“里子”不行。特别是对一些时间长、跨度大的工作，只知道“栽树”，不管“养护”，架势摆得很大，实际效果不佳。有的党员干部缺乏工作方法和群众感情，对落实党的大政方针和重大决策部署，对群众反映突出的热点难点问题无动于衷，没有思路，消极应付。有的党员干部不重视群众的利益和疾苦，不顾党中央三令五申的要求，对群众的合理诉求推三阻四、冷漠横推，对群众的态度简单粗暴、颐指气使。有的党员干部重招商、轻落地，重引进、轻服务，不利于良好营商环境的建设。比如，江西省赣州市人大常委会原党组成员、副主任，宁都县委原书记王四华主政的宁都县是国家级贫困县，脱贫任务很重。在脱贫过程中，王四华对脱贫情况盲目乐观，工作喊口号、装样子，作风漂浮，甚至弄虚作假、欺上瞒下，损害群众利益。[①]

（三）推诿扯皮、胡乱作为

有的党员干部对之前没有做好的工作以历史原因和分工职责范围为理由扯皮，推诿拖延，“新官不理旧事”“新官不理旧账”。有的党员干

---

① 中央纪委国家监委机关、中央“不忘初心、牢记使命”主题教育领导小组办公室：《党的十九大以来查处违纪违法党员干部案件警示录》，中国方正出版社 2019 年版，第 180 页。

部为了追求所谓“政绩”，急功近利，搞劳民伤财的“形象工程”“政绩工程”。一方面，对待工作缺乏超前谋划意识，往往不顾实际情况、没有科学论证，听不进不同意见，违反制度规定和正常程序乱决策、乱拍板、乱作为；另一方面，弄虚作假，编造假数据、假典型、假经验，瞒报或者谎报工作情况，遮掩或者隐瞒有关问题。比如，2013 年 9 月，时任内蒙古自治区国土资源厅党组书记、厅长的李世镕在主持召开内蒙古矿业（集团）有限责任公司董事会上，不听取、不采纳参会人员提出的合理意见，擅自决定成立鄂尔多斯市绿能光电有限责任公司，强行推动国家已经叫停、产能过剩的多晶硅和自备电厂项目，并且在未办理建设用地许可、项目规划许可和施工许可的情况下违规开工建设。

（四）只想出彩、不愿担责

有的党员干部心不在焉、不务正业，只想当官不想干事、只想出彩不想担责，慵懒怠政、拖沓敷衍，对职责范围内本应该解决的问题却层层上报请示，把矛盾和问题推给上级。有的党员干部动不动就立“军令状”、签责任状，实行一票否决，泛化和滥用问责手段或者以各种借口推卸责任。有的党员干部一味求稳怕乱，故步自封，畏难不前，奉行“既不落后头，也不出风头”，没有动真碰硬和攻坚克难的勇气，对工作底数不清、要求不高，满足于“过得去”“一般化”“差不多”，不敢拍板定事，害怕决策失误，甘于平平庸庸。比如，河北省人大常委会原党组成员、副主任宋太平，对 2007 年“12·4”责任事故搪塞推诿，没有以对人民极端负责的精神抓安全生产，在事故发生后没有把该担的责任担起来，没有履行第一责任人职责，致使抢救流于形式，给事故谎报提供了可乘之机。从 2007 年 12 月至 2017 年 10 月，群众举报不止、上级批示不断，张家口市及河北省先后对事故核实了 3 次，受宋太平不担当、不尽责的影响，每次都敷衍应付、流于形式，没能查实事故情况和谎报问题。

（五）频次过多、热衷形式

有的党员干部学习是为了应付场面、应付检查，理论与实际相脱离，没有把理论学习的成果转化为实际工作的成效。有的党员干部召集的会议不研究实际情况，不解决实际问题，为开会而开会。有的党员干部安排的考核过多过滥，同一事项由多个部门反复重复考核，考核内容空洞过泛，考核频次多、表格多、材料多，给基层带来了严重的负担。有的党员干部调查研究走马观花、蜻蜓点水，搞形式、走过场、不深入，总结经验多，直面问题少，打造“经典调研线路”，推崇“走秀式”调研，层层陪同、超人数陪同，听取汇报时间多，听取群众意见少。比如 2018 年 8 月，作为国家贫困县的江西省莲花县委原书记刘乡组织召开全县脱贫摘帽攻坚工作推进会，为应对国家脱贫摘帽验收检查，在会上总结了 4 条迎检“过关诀窍”，即人为控制抽检比例、提前规划迎检路线、电话查访确保百分百满意率、配齐旧用品避免“穿帮”等，随后县委办公室将此会议发言以文件形式印发。该县遂按此应对验收检查，全县每个村都组建了十几人的信息员队伍，提前设计好路线，给检查组人员“带路”，避免检查发现问题；为防止检查前临时购置新物品造成“穿帮”，提前为已脱贫的部分贫困户购置家居用品，共计花费 153 万余元。

二、新时代党员干部政治执行力不足的主要原因

造成党员干部特别是领导干部政治执行力不足的原因是多方面的，从政治执行力的主体来讲，党员干部的政治信仰弱化、政治站位不高，“四个意识”淡薄等影响着政治执行力；从政治执行力的制度来讲，有关制度不完善、配套制度不健全等影响着政治执行力；从政治执行力的监督来讲，监督不到位、责任追究不严等也影响着政治执行力。

（一）思想认识不高

习近平总书记在党的十八届一中全会上强调指出：“我们要带头维护中央权威，在思想上政治上行动上同党中央保持高度一致，不折不扣贯彻执行中央的路线方针政策和重大工作部署，心往一处想、劲往一处使，确保中央政令畅通。”① 当前，有的党员干部特别是领导干部对政治执行力的重要性认识不足，政治站位不高，“四个意识”淡薄，不能观大事、谋大事，不能自觉在大局下想问题、做工作。

第一，有的党员干部政治信仰弱化。个别党员干部特别是领导干部没有随着实践的发展和时代的进步改造自己的主观世界，对马克思主义和中国特色社会主义认识不清楚，甚至产生怀疑，只要“实惠”不要“主义”，在党的领导和中国道路等原则问题上态度暧昧。对改革开放和社会主义现代化建设中出现的问题不能正确对待，不能正确分析和判断形势，利己主义、拜金主义、享乐主义等思想抬头，导致政治信仰弱化，政治灵魂缺失，精神支柱的根基受到侵蚀。

第二，有的党员干部政治站位不高。有的党员干部政治站位不高，政治意识、大局意识、核心意识、看齐意识不强，没有自觉与党的基本理论、基本路线、基本方略对标对表，没有自觉与党中央决策部署对标对表，眼界狭隘，心胸不开阔，计较本地区、本部门、本单位和个人的利益，不能自觉把本地区本单位本部门的事业看作中国特色社会主义伟大事业的一部分，不能自觉在党和国家的大局中工作。

（二）有关制度欠科学

邓小平曾经深刻地指出：“我们过去发生的各种错误，固然与某些领导人的思想作风有关，但是组织制度、工作制度方面的问题更重要。这些方面的制度好可以使坏人无法任意横行，制度不好可以使好人无法

---

① 中共中央文献研究室：《习近平关于全面从严治党论述摘编》，中央文献出版社 2016 年版，第 77 页。

充分做好事，甚至会走向反面。”[①] 所以，制度具有根本性、全局性、长期性和稳定性的特点。当前，有的领导干部政治执行力不强与相关制度欠科学密切相关。

第一，规范政治执行力的制度体系不够协调。目前，规范政治执行力的制度体系还存在着“重实体、轻程序”的问题，即制度体系中实体性的规范相对较多、程序性的规范相对较少。程序性的制度规范可以为实体性的制度规范提供必需的流程和执行步骤，推动实体性制度规范的实施。注重程序性制度规范建设，把实体性规范和程序性规范统一起来，可以促进制度的执行更加顺畅。规范政治执行力的制度体系中程序性规范的欠缺，实体性规范与程序性规范的不衔接，使得实体性规范运行不流畅，从而严重影响了党员干部的政治执行力。

第二，规范政治执行力的制度体系不够完善。规范政治执行力的制度体系中有的制度规范过于原则和笼统，存在着倡导性、号召性等模糊规范，无法保证制度体系执行过程中的明确性、禁止性、强制性。有的制度体系仅仅是明确的定性规定，并没有明确的定量化的具体标准，使违规者容易钻制度的空子，给“变通执行者”留下操作空间。有的制度只有禁止性的要求，并没有相应的惩戒规定，造成严重的“制度浪费”，导致有的党员干部政治执行力不足，制度也无法发挥强震慑、重遏制的作用。

（三）政治监督不到位

就当前的实际情况来看，对党员干部政治执行力的监督还有待加强，考核程序、问责机制还不完备、不健全，监督的体系化、科学化水平有待提高，这些都影响和制约党员干部政治执行力的提升。

第一，对党员干部政治执行力的监督力度不够。党员干部政治执行力的高低既取决于是否具备完备的规范政治执行力的制度体系，也取决于对政治执行力的监督。因此，必须建立程序规范、结构合理的

---

① 《邓小平文选》第三卷，人民出版社 1994 年版，第 333 页。

政治执行力监督体系，加强对党员干部的政治执行力的监督，充分发挥监督保障执行、促进完善发展的作用，确保党的大政方针和重大决策部署落到实处。就目前对党员干部政治执行力的监督制度而言，不论是党内监督，还是民主党派监督、社会大众监督、新闻媒体监督，都存在空白点，监督力度也还不够，不利于党员干部政治执行力的提升。

第二，对党员干部政治执行力的考核制度不完善。规范党员干部政治执行力考核制度的主要目的，就是为政治执行力的高低提供客观的标准和依据，通过考核的结果来审视和检验领导干部的政治执行力。健全常规的党员干部政治执行力的考核制度，可以了解和掌握党员干部政治执行力的基本情况，同时也可以预测党员干部政治执行力未来的提升空间。就目前党员干部政治执行力的考核制度而言，考核内容不全面，考核指标过于抽象，考核结果运用不充分，这些都不利于党员干部政治执行力的提升。

第三，对党员干部政治执行力的问责机制不健全。规范党员干部政治执行力问责机制的主要目的，就是要通过问责推动党员干部特别是各级领导干部认真落实党的大政方针和重大决策部署，为提高政治执行力提供制度保障。与此同时，科学的问责机制也为人民群众监督领导干部、提高政治执行力提供了有力支持，使各级领导干部在接受监督中不断提高政治执行力，行使好党和人民赋予的权力。就目前党员干部政治执行力的问责机制而言，仍然存在着责任人不明晰、条件不确切、方式不具体，以及问责不严肃、问责泛化、简单化等问题，导致党员干部政治执行力的问责机制不能发挥好应有的作用。

第三节　新时代提高党员干部政治执行力的基本要求

一分部署，九分落实。党的十八大以来，以习近平同志为核心的党中央反复强调要崇尚实干，狠抓落实，因为“如果不沉下心来抓落实，再好的目标，再好的蓝图，也只是镜中花、水中月”①。党员干部是执政骨干队伍中的“关键少数”，是主导经济社会发展的关键力量，必须在提高政治判断力、政治领悟力的基础上以实干为要义，勇于担当，敢于作为，切实提高政治执行力，引领和带动广大人民群众为开启全面建设社会主义现代化国家新征程、向第二个百年奋斗目标奋勇前进。

一、不折不扣贯彻落实党中央精神

习近平总书记在2020年12月召开的中共中央政治局民主生活会上强调指出：“领导干部特别是高级干部要经常同党中央精神对表对标，切实做到党中央提倡的坚决响应，党中央决定的坚决执行，党中央禁止的坚决不做，坚决维护党中央权威和集中统一领导，做到不掉队、不走偏，不折不扣抓好党中央精神贯彻落实。”因此，党员干部要认真领会习近平总书记这一重要论述的深刻内涵和基本要求，以实际行动推动党中央精神在本地区本单位本部门全面贯彻落实。

（一）贯彻执行好党中央决策部署

党中央作出的决策部署，各地区各单位各部门都要坚决贯彻执行，党员干部要身体力行，以身作则，率先垂范，带头贯彻执行好党中央决策部署，做到党中央提倡的坚决响应，党中央决定的坚决执行，党中央禁止的坚决不做，贯彻执行好党中央决策部署。当今世界正经历百年未有之大变局，中华民族的伟大复兴正处在关键时期，改革发展稳定、内政外交国防、治党治国治军各方面都面临新情况新特点，面对极为错综复杂的国际国内形势、艰巨繁重的改革发展稳定任务和突如其来的新冠肺炎疫情，以习近平同志为核心的党中央在带领全党全国各族人民进行

---

① 《狠抓中央决策部署的贯彻落实　确保中央政令畅通、决策落地生根》，《人民日报》2014年10月12日。

许多具有新的历史特点的伟大斗争的过程中，审时度势，科学决策，制定和出台了一系列重大决策。经过全党全国各族人民共同的努力，当前，疫情防控取得了重大成果，全面建成小康社会胜利在望，中华民族伟大复兴向前迈出了新的一大步，社会主义中国以更加雄伟的身姿屹立于世界东方。

党的十九届五中全会站在“两个一百年”的历史交汇点上，在深入分析国际国内环境新变化的基础上，制定了国民经济和社会发展“十四五”规划和2035年远景目标，对“我国全面建成小康社会、实现第一个百年奋斗目标之后，乘势而上开启全面建设社会主义现代化国家新征程、向第二个百年奋斗目标进军”① 作出战略擘画。宏伟的蓝图已经绘就，大政方针已经确定，新的目标催人奋进，下一步的关键，就是如何使这些重大决策部署落地生根、见到实效。这就要求党员干部特别是各级领导干部团结带领广大人民群众，“要统筹中华民族伟大复兴战略全局和世界百年未有之大变局，深刻认识我国社会主要矛盾变化带来的新特征新要求，深刻认识错综复杂的国际环境带来的新矛盾新挑战”。② 发扬斗争精神，抓住发展机遇，既要大胆探索、敢闯敢试，又要积极稳妥、蹄疾步稳，在危机中育新机，于变局中开新局，再接再厉、一鼓作气，集中力量办好自己的事情，奋力夺取全面建设社会主义现代化国家新胜利。

（二）完整、准确、全面贯彻新发展理念

理念是行动的先导，理念正确与否决定着发展的成效。党的十八大以来，以习近平同志为核心的党中央提出了创新、协调、绿色、开放、共享的新发展理念，在这一系统的理论体系的引导下我国经济社会发展取得了历史性成就、发生了历史性变革。党的十九届五中全会提出，“十四五”时期我国经济社会发展必须遵循新发展理念的原则。2021年

---

① 本书编写组：《党的十九届五中全会〈建议〉学习辅导百问》，党建读物出版社、学习出版社2020年版，第12页。

② 同上，第14页。

1月11日，习近平总书记在省部级主要领导干部学习贯彻党的十九届五中全会精神专题研讨班开班式上发表重要讲话，强调指出："全党必须完整、准确、全面贯彻新发展理念。"新发展理念回答了关于发展的目的、动力、方式、路径等一系列理论和实践问题，阐明了我们党关于发展的政治立场、价值导向、发展模式、发展道路等重大政治问题。①中央要求党员干部要不断提高把握新发展阶段、贯彻新发展理念、构建新发展格局的政治能力、战略眼光、专业水平，敢于担当、善于作为，把党中央决策部署贯彻落实好。因此，党员干部要立足新发展阶段和新发展格局，使新发展理念完整、准确、全面得到贯彻，确保"十四五"乃至更长时期经济行稳致远，社会和谐稳定。

第一，要坚持以人民为中心。新发展理念的"根"和"魂"就是为人民谋幸福、为民族谋复兴。党员干部要把人民对美好生活的向往作为奋斗目标，坚持发展为了人民、发展依靠人民、发展成果由人民共享，树立正确的发展观、现代化观。党员干部要强化宗旨意识和群众观念，把人民拥护不拥护、赞成不赞成、高兴不高兴、答应不答应作为制定大政方针、推进党和国家各项事业发展的根本标准，尽最大努力实现好、维护好、发展好最广大人民的根本利益，让人民共享改革发展的成果，在自觉主动解决地区差距、城乡差距、收入差距等问题的过程中，不断促进人的全面发展和全体人民的共同富裕。

第二，要把握好精准贯彻新发展理念的着力点。党员干部要把解决好发展不平衡不充分的问题摆在突出位置，采取更加精准务实的举措。具体来说要从以下几个方面着力：深化创新驱动发展战略，打好关键核心技术攻坚战；加强顶层设计和战略布局，科学统筹推动各方面工作，增强发展的整体性、协同性；加快形成人与自然和谐共生的格局，促进经济社会发展全面转型；把握好开放与自主的关系，在坚持扩大对外开放中更加重视国内国际市场一体化发展；坚持共同富裕的发展导向，循

① 张洋、鞠鹏：《深入学习坚决贯彻党的十九届五中全会精神　确保全面建设社会主义现代化国家开好局》，《人民日报》2021年1月12日。

序渐进地解决地区差距、城乡差距、收入差距等问题，不断增强人民群众获得感、幸福感、安全感。通过采取上述举措切实推动经济社会高质量发展，为全面建设社会主义现代化国家开好局、起好步。

延伸阅读

刘志丹、谢子长、习仲勋等创造性贯彻中央政策

土地革命战争时期，以刘志丹、谢子长、习仲勋等为代表的西北地区共产党人，创造性运用毛泽东“工农武装割据”的思想，以武装斗争为主要形式，以土地革命为中心内容，以农村根据地为重要依托，主动抵制和努力克服“左”倾和右倾错误的危害，领导西北红军和人民群众在甘肃东部与陕西中、北部交界地区创建了一块巩固的革命根据地——陕甘边革命根据地。

1934 年初，以南梁为中心的陕甘边革命根据地形成。11 月 1 日，陕甘边区工农兵代表大会在南梁荔园堡召开，到会的工农兵代表 100 多人，会议经过充分酝酿讨论，采取无记名投票的方式，选举产生了苏维埃政府的领导成员，习仲勋当选为陕甘边区苏维埃政府主席。陕甘边区工农民主政府下设土地、劳动、财政、粮食、肃反、工农监察、文化、妇女等委员会。陕甘边区工农民主政府成立后，为了推动陕甘边区的经济建设，发展生产，改善人民生活，支援前线，巩固与扩大革命根据地，开展了大量的工作。

（杨元忠、李荣珍：《陕甘边革命根据地历史问题研究》，中共党史出版社 2013 年版；中共甘肃省委党史研究室：《中国共产党甘肃历史》，中共党史出版社 2009 年版。）

二、始终坚持底线思维

在治国理政的过程中，党员干部要树立底线思维，提高底线思维能力。这就要求党员干部推动各项工作要从坏处准备，努力争取最好的结

果，这样就能有备无患、遇事不慌，牢牢掌握工作的主动权。当前，国际国内形势错综复杂，发展中不稳定、不确定因素日益增加，这就更加要求党员干部必须始终坚持底线思维，着力防范和化解各种重大风险挑战。

（一）科学把握底线思维的核心要义

中国传统文化中蕴含丰富的“底线思维”的哲理，如“凡事预则立，不预则废”、“君子以思患而豫防之”、“于安思危，于治忧乱”等，这都是古人坚持底线思维的体现，也是几千年来古人治国理政的重要经验。我们党所要求坚持的底线思维是对中国传统文化中“底线思维”认识的能动性超越，说白了就是要求党员干部特别是领导干部凡事都要从最坏处着眼，做好最充分的准备，努力争取最好的结果。

第一，底线思维是系统思维。马克思主义认为，事物联系的普遍性决定了整体大于局部总和，整体决定局部。这就要求从整体上、全局上把握问题，在普遍联系中处理好具体问题。经济社会是一个普遍联系、多维多元的大系统，防范和化解各种风险才能确保整个系统结构的优化和功能的完备。树立底线思维、防范各种风险，最重要的就是要防控那些可能迟滞或中断中华民族伟大复兴进程的全局性风险。既要防范系统本身出现的风险，又要防范外部环境给系统带来的风险；既要认清楚国内形势，又要掌握国际形势，在与世界各国的交往中管控风险、迎难而上、抓住机遇，办好自己的事情。

第二，底线思维是前瞻思维。要预先判断事物发展可能遇到的困难，及时了解萌芽中的危险，事先做好周密的计划，驾驭事物发展的过程，防止可能发生的最坏情况，降低风险，化解危机。由于主客观原因，人的认识能力不可能是十分全面的，面对不断变化的客观事物，很多事情是很难提前预知的，偶然或者意外的事件经常会出现。这就要求党员干部特别是领导干部推动工作不能盲目乐观，要有忧患意识和危机意识，要深入思考进而探寻能够解决矛盾、问题和风险的长远之策。

第三，底线思维是价值思维。开启全面建设社会主义现代化国家新征程，实现第二个百年奋斗目标和中华民族伟大复兴的中国梦，是坚持底线思维总的价值追求。这一总的价值追求要通过“五位一体”总体布局和“四个全面”战略布局来体现和实现。坚持以人民为中心，坚持人民主体地位，坚持共同富裕的方向，始终做到发展为了人民、发展依靠人民、发展成果由人民共享，维护好人民的根本利益，不断实现人民对美好生活的向往，增强人民群众获得感、幸福感、安全感，以及坚决维护国家主权、安全、发展利益等，这是坚持底线思维的价值追求。所以，要坚决防范和化解一切影响和制约坚持和发展中国特色社会主义、全面建设社会主义现代化国家和中华民族伟大复兴进程的风险。在这个问题上必须立场坚定，不能有丝毫犹豫和含糊。

（二）党员干部坚持底线思维的着力重点

“当前和今后一个时期，我国发展仍然处于重要战略机遇期，但机遇和挑战都有新的发展变化”，“继续发展具有多方面优势和条件，同时我国发展不平衡不充分问题仍然突出”①，中华民族伟大复兴正处在关键时期。党员干部要不忘初心、牢记使命，本着对党负责、对人民负责的态度，坚持底线思维，敢于应对和破解中华民族伟大复兴征程中能够预料和难以预料的各种风险挑战，牢牢掌握住经济社会发展的主动权。

第一，掌握基本要求。党员干部特别是领导干部要懂得“底线思维”在不同领域的基本要求。在经济领域坚持“底线思维”就是指要坚持社会主义基本经济制度，即公有制为主体、多种所有制经济共同发展，以按劳分配为主体、多种分配方式并存的社会主义市场经济制度；在坚持独立自主、自力更生的基础上积极顺应经济全球化潮流，不断扩大对外开放，最终要实现共同富裕。在政治领域坚持“底线思维”就是

---

① 本书编写组：《党的十九届五中全会〈建议〉学习辅导百问》，党建读物出版社、学习出版社 2020 年版，第 13—14 页。

指要坚持人民民主专政，党的集中统一领导制度和全面领导制度，人民代表大会制度，中国共产党领导的多党合作和政治协商制度，以及民族区域自治制度、基层群众自治制度，坚持党对人民军队的绝对领导制度。在思想文化领域坚持“底线思维”就是指要建设社会主义先进文化，坚持“二为”方向和“双百”方针，坚持古为今用、洋为中用；坚持马克思主义在意识形态领域指导地位的制度，贯彻党管意识形态的原则，以社会主义核心价值观引领社会思潮。在社会、生态、国际关系等领域坚持“底线思维”就是要建立共建共治共享的社会，健全基本公共服务体系；就是要坚持绿水青山就是金山银山理念，守住自然生态安全边界；就是要捍卫国家的核心利益，坚决反对霸权主义和强权政治，尊重世界文化和文明的多样性，坚持走和平发展的道路。只有掌握了这些基本要求，才能运用好底线思维，提高底线思维能力。

第二，增强忧患意识。习近平总书记指出：“回顾历史，我们党在内忧外患中诞生，在磨难挫折中成长，在攻坚克难中壮大。”① “中华民族历史上经历过很多磨难，但从来没有被压垮过，而是愈挫愈勇，不断在磨难中成长、从磨难中奋起。”② 在开启全面建设社会主义现代化国家新征程的新时代，在经济、政治、文化、社会、生态以及国防和军队建设、港澳台工作、外交工作、党的建设等方面都存在着一些不确定、不安定因素。面对世界百年未有之大变局和国内改革发展稳定艰巨繁重的任务，党员干部一定要把国家利益和人民利益放在第一位，对“国之大者”了然于胸，在思考大局中常观大势，全面、清醒和客观地看待前进道路上的矛盾、困难和挑战，切实增强忧党、忧国、忧民意识，治不忘乱、存不忘亡、安不忘危，做到居安思危，明辨厉害，深谋远虑，未雨绸缪，处变不惊，慎重决策，谋定后动。

第三，积极应对考验。坚持底线思维需要积极应对考验。党员干部

---

① 习近平：《在湖北省考察新冠肺炎疫情防控工作时的讲话》，《求是》2020 年第 7 期。

② 习近平：《在统筹推进新冠肺炎疫情防控和经济社会发展工作部署会议上的讲话》，《人民日报》2020 年 2 月 24 日。

要在进行许多具有新的历史特点的伟大斗争实践中磨炼意志，锤炼胆识，保持斗争精神，提高斗争本领，与一切削弱和否定党的领导和社会主义制度的言行，与一切损害人民群众利益、脱离人民群众的行为，与一切阻碍经济、政治、文化、社会和生态发展以及分裂祖国的行为进行坚决的斗争。习近平总书记指出："既要有防范风险的先手，也要有应对和化解风险挑战的高招；既要打好防范和抵御风险的有准备之战，也要打好化险为夷、转危为机的战略主动战。"[①] 党员干部特别是各级领导干部要认真总结历史经验和教训，坚持以人民为中心，把利用已有条件和及时创造条件统一起来，积极主动出击，明确工作思路，认真谋划工作政策和策略，构建系统完备、科学规范、运转有效的风险防范制度体系，防范系统性风险，避免颠覆性危机，努力保持经济持续健康发展和社会大局和谐稳定，为乘势而上开启全面建设社会主义现代化国家新征程创造良好的条件。

延伸阅读

朱德坚守底线，反对张国焘分裂主义错误路线

沙窝会议以后，朱德和时任红军总参谋长刘伯承奉命来到卓克基。然而，张国焘靠着人多枪多，沙窝会议以后在毛儿盖召集的红四方面军军以上干部会议上，反对党中央北上的战略部署。8月20日，中央政治局又在毛儿盖召开会议，研究了红军的行动方向问题，提出应向东向陕甘边界发展，而不应向西发展。此后，在党中央的一再催促和朱德的劝说下，张国焘才命令左路军第一纵队向东进入草地，部队深入草地第三天被嘎曲河挡住。这条河本来很浅，由于下了暴雨，水涨了一些并流得很急，人是可以过去的。但是，张国焘却以"水深流急，无法渡河"为借口，擅自命令左路军停止前进。在这种情况下，朱德和张国焘发生了激烈争论。在红军总司令部的帐篷里，围绕是否南下，张国焘和黄超与朱德激烈争吵。张国焘还煽动个别人给朱德施加压力，但朱德认为作

① 《习近平谈治国理政》第三卷，外文出版社 2020 年版，第 220 页。

为党员就要服从党中央的决定，反对南下。然而，张国焘不顾党中央的指示和朱德、刘伯承等的反对，指挥部队从嘎曲河返回阿坝，并打电报给党中央，要右路军全部随同南下。这一时期，朱德面对两支队伍的分裂，心情十分沉重，但他内心有一个坚定的信念，就是不管遇到多大困难，也要把南下的红军带回到正确的道路上来。朱德在同张国焘分裂主义错误路线进行斗争的过程中，坚守底线，从坏处准备，努力争取最好的结果，为促成三大主力红军会师做出了突出贡献。

（王锐：《朱德对红军三大主力会师的贡献》，《甘肃理论学刊》2016 年第 5 期。）

三、始终坚持问题导向

发现问题和解决问题贯穿人类认识世界和改造世界的全过程。实践发展永无止境，矛盾运动永无止境。已有的问题解决了，新的问题又产生了。每个时代都有属于它的问题，只有树立问题意识，坚持问题导向，才能解决好问题，不断推动事业的发展。坚持问题导向，体现着辩证唯物主义和历史唯物主义的世界观和方法论，闪耀着马克思主义实事求是思想路线的强大光芒。习近平总书记强调："我们中国共产党人干革命、搞建设、抓改革，从来都是为了解决中国的现实问题。"[①] 提高政治执行力要坚持问题导向，党员干部只有坚持问题导向，发现问题、分析问题、研究问题、解决问题，才能把中国特色社会主义伟大事业推向前进，开创新时代党和国家事业发展的新局面。

（一）科学把握坚持问题导向的核心要义

问题是客观存在的，问题无时不有、无处不在，问题的发现和解决

① 本书编写组：《〈中共中央关于全面深化改革若干重大问题的决定〉辅导读本》，人民出版社 2013 年版，第 67 页。

推动着事物的发展。坚持问题导向，首先要了解问题导向的内涵，掌握问题导向的核心要义。

第一，坚持问题导向意味着要有问题意识。意识是客观物质世界长期发展的产物。问题意识体现的是批判精神和超前意识，是从思想上重视发现问题和解决问题。“问题意识是人们在致力于对客观事物内在矛盾机理经常思考，并探索其发展态势和结果的过程中，久而久之形成的一种心理状态、文化观念和思维方式。”① 只有具备强烈的问题意识，才不会对实践中产生的种种问题等闲视之，乃至视而不见和熟视无睹，才会形成善于发现问题和解决问题的思维方式和思想观念。

第二，坚持问题导向意味着要发现问题。问题的存在不以人的主观意志为转移，要勇于正视问题，敢于发现问题，不能回避、掩盖和推卸问题。有问题不可怕，可怕的是看不到问题。如果不善于思考，见怪不怪，其结果就是一些习以为常的问题和苗头性、倾向性的问题就会被忽略。必须深入广泛思考，扎实进行调查研究，了解规律和趋势，开展系统全面的分析，总结事物的趋势和发展规律，这样才能及时发现问题。

第三，坚持问题导向意味着要研究问题。问题不是直观地摆在事物的表面，只有研究才能认识它的本质。所以，要透过现象看本质，分析问题的性质，搞清楚出现问题的原因，把握好不同问题之间的联系。与此同时，还要具体问题具体分析，不是所有问题都是一样的，问题的表现形式是多样的，不能搞“一刀切”和“一锅煮”，要坚持“两点论”和“重点论”的结合，把握事物的主要矛盾和矛盾的主要方面，把找共性问题和找个性问题、找表面问题和深层次问题统一起来，才能找准那些“牵一发而动全身”的焦点、重点和难点问题。

第四，坚持问题导向意味着要长于解决问题。矛盾发展到一定阶段就表现为问题，解决问题就要触及矛盾。一方面，要立足当前，遇到矛盾和问题要积极主动解决，勇于向各种顽瘴痼疾开刀，解决一些深层次

---

① 陈彬：《坚持问题导向 善于认识和化解矛盾——深入学习习近平新时代中国特色社会主义思想中的思想方法和工作方法之四》，《中国纪检监察报》2018 年 8 月 16 日。

的矛盾和问题；另一方面，要着眼长远，把矛盾和问题解决在萌芽状态，避免矛盾和问题的扩大化。

（二）党员干部坚持问题导向的实践要求

问题是时代的口号。实践证明只有坚持问题导向，不断解放思想、实事求是、与时俱进、求真务实，才能不断解决时代和实践提出的各种问题。这是我们党百年来取得一个又一个伟大胜利的决定性因素。党员干部特别是各级领导干部只有始终坚持问题导向，勇于直面问题，才能应对重大挑战，抵御重大风险，克服重大阻力，解决重大矛盾，才能把我们党领导人民进行的中国特色社会主义伟大事业继续推向前进。

第一，勇于担当作为。有多大的担当，才能有多大的事业。党员干部发现问题、研究问题、解决问题的过程也就是担当作为的过程。党员干部特别是各级领导干部如果想作为、敢作为、善作为就要盯着问题想，追着问题走，把化解矛盾、解决问题作为履职尽责的首要任务，根据形势发展的要求，坚持以人民为中心，把党中央的大政方针和重大决策部署与本地区本单位本部门的实际结合起来，创造性地开展工作，抓紧解决制约本地区本单位本部门发展的重大问题和人民群众反映强烈的突出问题，以此带动全局工作，推进事业不断发展。要建立激励机制和容错纠错机制，认真执行“渎职要问责、不作为也要问责”的要求，实现干与不干不一样、干多干少不一样、干好干坏不一样，有针对性地解决“为了不出事、宁愿不干事”的问题，使党员干部用铁的肩膀负起该负的责任，做好该做的事情。大胆选拔具有强烈的事业心和责任感，敢于改革、善于创新，静下心来想问题、扑下身子干事业的党员干部，牢牢掌握工作的主动权，创造出经得起历史、实践和人民检验的辉煌实绩。

第二，锤炼优良作风。党的作风就是党的形象，关系到人心向背、关系到党的生死存亡。党员干部特别是各级领导干部只有不断锤炼优良作风，才能领导人民群众把美好蓝图一步步变为现实。这些年来，以习近平同志为核心的党中央锲而不舍地贯彻落实中央八项规定精神，刹住了很多人认为不可能刹住的歪风，党风政风为之一新，人民群众交口称赞。教育引导各级领导干部树立正确的权力观、政绩观和事业观，真正把心思用在干事创业、为民造福上。针对党的作风存在的问题尤其是形式主义、官僚主义的诸多表象，要从领导机关、领导干部抓起、改起，引导他们带头遵守各项规定，带头转变作风，降虚火、求实效，率先垂范，以身作则，以“关键少数”的务实作风影响和带动“绝大多数”的见贤思齐，以上率下，发挥好领导干部的“头雁效应”，形成上行下效、苦干实干的良好氛围。对于那些作风有问题的党员干部，发现一起就查处一起、问责一起，绝不姑息、绝不容忍。通过问责追责，让党员干部受到教育和警醒。同时，精准问责、慎重问责，严肃查处诬告陷害行为，及时为党员干部澄清正名。巩固和拓展强化作风整治的效果，就必须补齐制度短板，形成常态化长效化改进党员干部作风的机制，保障各级党员干部永葆为民务实清廉的政治本色。

延伸阅读

什么是问题导向

坚持问题导向是党的十八大以来党中央治国理政的鲜明特色。问题是实践的起点、创新的起点，抓住问题就能抓住经济社会发展的“牛鼻子”。纵观人类发展历史，一切发展进步无不是在破解时代问题中实现的。发现问题、研究问题、解决问题，始终是推动一个国家、一个民族向前发展的重要动力。党的十八大以来，以习近平同志为核心的党中央高举中国特色社会主义伟大旗帜，不断推进中国特色社会主义事业，我国经济社会发展取得了历史性成就。在这一波澜壮阔的历史性变革中，强化问题意识、坚持问题导向是党中央治国理政的鲜明特色。

坚持问题导向推动中国特色社会主义进入新的发展阶段。以问题为导向形成新思想新理论。认识和解决复杂多变的时代问题，仅靠经验是不行的，必须以科学的理论把握时代方向。中国特色社会主义的发展离不开中国特色社会主义理论体系的指导；中国特色社会主义理论体系不断形成新成果，是中国特色社会主义发展不断进入新的发展阶段的重要标志。党的十八大以来，习近平同志深刻把握我国经济社会发展中的重大问题，深刻洞悉历史和时代发展的规律，发表了一系列重要讲话，提出了一系列治国理政新理念新思想新战略。

坚持问题导向需要有新的精神状态和奋斗姿态。坚持问题导向需要有新的精神状态和奋斗姿态。中国特色社会主义事业依然任重而道远。2020年全面建成小康社会，继而为实现第二个百年奋斗目标努力，让中华民族以更加昂扬的姿态屹立于世界民族之林，这是我们党坚持和发展中国特色社会主义必须完成的历史任务。未来的路并不平坦，需要面对和解决各种艰难问题。习近平同志强调，要以更宽广的视野、更长远的眼光来思考和把握国家未来发展面临的一系列重大战略问题。成功经验告诉我们，只有坚持问题导向，解决好重大战略问题，才能更好坚持和发展中国特色社会主义。为此，我们要深刻领会坚持问题导向这一重要思想方法和工作方法的核心要义，以新的精神状态和奋斗姿态将其自觉运用于认识和解决问题的实践。

（贾立政：《在坚持问题导向中开创事业发展新局面》，《人民日报》2017年9月14日。）

四、不断强化责任意识

事业任重道远，责任重于泰山。党的十八大以来，以习近平同志为核心的党中央在治国理政的过程中，针对党员干部明确提出了要增强责任意识，有权就有责，权责要对等，踏石留印、抓铁有痕，做到言必行、行必果等一系列要求。因此，党员干部一定要扛起抓好党中央精神贯彻落实的政治责任。实践证明，责任意识不强，不明确责任、不落实责任、不追究责任，任何工作都做不好或者成效不明显。

（一）科学把握强化责任意识的核心要义

责任意识不强，贯彻落实就会不力。党员干部是否有责任意识，能否扛好政治责任直接关系政治执行力的效果，关系党和国家各项事业的发展。比如，党的十八大以来，以习近平同志为核心的党中央针对之前党的建设存在的各种问题，提出了党要管党、全面从严治党的重大战略，并把这一战略纳入“四个全面”战略布局之中，以坚定的决心、顽强的意志和空前的力度加以推进，党的建设成效得以充分体现，其中一个重要方面就是形成了有权必有责、用权受监督、失职要问责的认识，强化了管党治党责任意识，落实了管党治党的政治责任。要强化责任意识，就要把握其基本要求。

一是强化责任意识意味着要有正确的态度。责任首先是做事的态度，是一种思想境界，是人的品格的集中体现。党员干部的责任意识既是履行好职责的前提，也是做好工作的内在动力。党员干部特别是各级领导干部能否抓好工作落实，做好该做的事情，取决于有没有责任心和事业心。正如习近平总书记指出的：“事业成功的原因很多，奋发有为是主要因素。”[①] 这种正确的态度就是用心想事、用心谋事、用心干事，就是一种认真负责的使命意识。二是强化责任意识意味着要有过硬的能力。能力过硬是党员干部必备的素质。强化责任意识不仅要求党员干部要始终与以习近平同志为核心的党中央保持高度一致，而且还体现在以自己的过硬能力对党和人民的事业负责。特殊的岗位、特殊的要求、特殊的职责，决定了党员干部必须要具备政治能力、调查研究能力、科学决策能力等，有了这些能力就能应对复杂形势、解决矛盾问题、完成艰巨任务。三是强化责任意识意味着要率先垂范。责任要求要全身心地干事，把能力体现在狠抓落实上。这就要求党员干部要以“功成不必在我”的境界和“功成必定有我”的担当，带头思考问题、带头历练提高、带头解决问题，善始善终，一抓到底，久久为功，利在长远，用心用情用力服务群众，勇当新时代新征程中的急先锋。

---

① 《习近平谈治国理政》第二卷，外文出版社 2017 年版，第 146 页。

（二）强化责任意识的基本要求

当前，中华民族伟大复兴正处于关键阶段，要战胜前进道路上的各种风险挑战，为全面建设社会主义现代化国家开好局、起好步，关键还要强化党员干部的责任意识，心中有责，开拓进取，奋发有为。

第一，端正工作态度。党员干部不论从事什么岗位，身处什么职位，都应时刻将“忠诚”牢记于心。因此，党员干部要进一步提高政治站位，增强“四个意识”、坚定“四个自信”、做到“两个维护”，进而树立远大志向和奋斗目标。当前，有的党员干部还存在工作进入不了状态、缺少工作激情、懈怠应付等问题。党员干部要加强党性修养，不忘初心、牢记使命，保持蓬勃朝气、非凡勇气和昂扬锐气，深入思考研究，理清工作思路，明确工作重点，精益求精，追求卓越，在自我加压、自我鼓劲的过程中咬定青山不放松，始终保持旺盛的工作热情和奋发有为的精神状态。

第二，提高抓落实的能力。责任意识体现为尽心尽责干事，要以抓落实的能力来体现责任过硬的要求。干事创业不仅是一件很艰辛的事情，而且也是一件需要勇气的事情。品德的体现全在细节中，有德行的人总是嘴上说的少，但处处严格要求自己，争分夺秒努力奋斗。一方面，党员干部要始终把学习当作立身之本、成事之基，抽时间学习各方面知识，从群众中汲取智慧，在火热实践中增长才干，在层层历练中积累经验，加快知识更新，优化知识结构，开阔眼界和视野，练就奋发有为打好攻坚战、啃下硬骨头的真本事，努力克服“本领恐慌”和能力不足的问题；另一方面，党员干部要勇做斗争“战士”、勇挑最重担子、敢啃最硬骨头、善接最烫山芋，发扬钉钉子的精神，出实策、办实事、鼓实劲，把该履行的职责履行好，把该担当的责任担当好，种好自己的“责任田”，以实实在在的工作业绩兑现对党和人民的庄严承诺。

第三，健全责任体系。实践证明，没有明确的责任分工，工作就只能是停留在口头上而不能落实到行动上，自然也就没有什么效果。对于重大战略、重大政策、重大任务、重大工作要加强统一领导和协调，明晰责任分工，明确哪个单位牵头和哪个部门是责任部门，科学排兵布阵，层层压实责任，强化守土有责、守土尽责、守土负责的政治担当，确保重大战略、重大政策、重大任务、重大工作有人干、有检查，坚决克服“说起来重要，干起来次要，忙起来不要”的现象。要建立领导班子分工负责，“一把手”负总则，班子成员按照分工各负其责的责任体系，在坚决落实党中央精神和重大决策部署的前提下和结合各地方各单位的具体情况因地制宜地推进工作的过程中，坚决把党中央交给各地方各单位的工作和任务完成好、落实好，既维护党中央权威、保证党中央政令畅通，又找准切入点、推动各地方各单位工作的开展。要强化督促检查，对于那些不干实事、只尚空谈，碌碌无为、庸懒散漫，甚至弄虚作假、失职渎职，造成恶劣影响和重大损失的党员干部，要依照相关规定，严肃问责追责，形成威慑力、激发新活力。

总之，提高党员干部的政治执行力不可能一蹴而就，党员干部要根据党中央的要求，注重学习、注重历练、注重提高，敢于斗争、善于斗争，在努力夺取全面建设社会主义现代化国家新胜利的伟大实践中经风雨、见世面、壮筋骨，以政治执行力的不断提高来更好地履职尽责，撸起袖子加油干，齐心协力共同干，在把握新发展阶段、贯彻新发展理念、构建新发展格局中作出更大贡献，不断增强我们的生存力、竞争力、发展力、持续力，坚定不移朝着实现中华民族伟大复兴的目标奋勇前进。

延伸阅读

创造性执行政策的典范

习仲勋同志自 20 岁起历任中共陕甘边区特委委员，军委书记和共青团特委书记，游击队总指挥部政治委员，革命委员会副主席、主席等职务。1934 年 11 月，当选为陕甘边区苏维埃政府主席。他和刘志丹等同志参与创建了先后以照金为中心和以南梁为中心的陕甘边革命根据地。1935 年 9 月，22 岁的他在错误肃反中被关押，党中央和毛主席长征到达陕北后才得以释放。1936 年 1 月，习仲勋同志任关中特区苏维埃政府副主席、党团书记。之后，随红军西征，先后任中共曲环工委书记、环县县委书记。同年 9 月赴关中，先后担任中共关中特委书记、中共关中分委书记等职务，组织领导关中军民同国民党顽固派进行军事、政治和经济斗争，贯彻执行党的抗日民族统一战线政策，赢得了党和人民群众的信赖和拥戴。习仲勋同志在关中战斗、工作了 6 年。1943 年 2 月，他调任中共绥德地委书记兼警备司令部政治委员。在绥德，他领导大生产运动，巩固和发展“三三制”政权。在整风审干和“抢救”运动中，坚决抵制和纠正“左”的偏向，保护了大批干部和群众。党的七大上，习仲勋同志当选为候补中央委员，同年 8 月任中央组织部副部长。抗日战争胜利后，习仲勋同志历任中共中央西北局书记、陕甘宁晋绥联防军政治委员、陕甘宁野战集团军政治委员、西北野战兵团副政治委员、西北野战军副政治委员。他受毛主席指示，领导策动了横山起义，接应王震同志率三五九旅中原突围返回延安。1947 年 3 月中旬后，按照中央的战略部署，他协同彭德怀同志指挥了保卫党中央、毛主席和陕甘宁边区的战役，相继取得青化砭、羊马河、蟠龙镇“三战三捷”和陇东、三边战斗的胜利。作为我军优秀的政治工作领导者，在整个解放战争期间，他和彭德怀、贺龙同志，或转战西北战场，或开展新式整军运动等军队政治工作，或组织后方支前，可谓能文能武，身经百战，屡建功勋。

新中国成立后，习仲勋同志长期主持西北党、政、军全面工作。在此期间，面对西北地区民族成分复杂、反动势力猖獗、叛乱事件迭起的严峻现实，习仲勋同志创造性地开展统战工作和民族宗教工作。他从西北地区的实际出发，把党的统战思想运用到西北特殊的统战实践中，经过不断发展与完善，探索出了一套独具特色的关于统战工作和民族宗教工作的策略和方法，取得了良好的效果，团结了一批少数民族上层人士，维护了西北地区的社会稳定，促进了少数民族地区经济社会的全面发展。他对统战工作和民族宗教工作作出了卓越贡献，赢得了西北各族人民的尊敬和爱戴。后来，仲勋同志又奉调中央担任中宣部部长。1953

年9月后，历任政务院秘书长、国务院秘书长，1959年4月任国务院副总理兼秘书长，长期协助周恩来总理工作。在长达10年的时间里，国政民事，事必躬亲，充分展示了他的组织领导才能。

（李子奇：《深切缅怀习仲勋同志》，《光明日报》2013年10月22日。）

参考文献

[1] 习近平．习近平谈治国理政 第一卷［M］. 北京：外文出版社，2014.

[2] 习近平．习近平谈治国理政 第二卷［M］. 北京：外文出版社，2017.

[3] 习近平．习近平谈治国理政 第三卷［M］. 北京：外文出版社，2020.

[4] 习近平．摆脱贫困［M］. 福州：福建人民出版社，1990.

[5] 中共中央文献研究室．十八大以来重要文献选编（上）［M］. 北京：中央文献出版社，2014.

[6] 人民日报评论部．习近平用典［M］. 北京：人民日报出版社，2015.

[7] 中共中央文献研究室．习近平关于全面从严治党论述摘编［M］. 北京：中央文献出版社，2016.

[8] 中共中央文献研究室．习近平关于社会主义政治建设论述摘编［M］. 北京：中央文献出版社，2017.

[9]《领导干部要讲政德》编写组．领导干部要讲政德［M］. 北京：人民出版社，2018.

[10] 人民日报评论部．习近平用典：第二辑［M］. 北京：人民日报出版社，2018.

[11] 中共中央宣传部，中央广播电视总台．平语近人：习近平总书记用典［M］. 北京：人民出版社，2019.

[12] 中央党校采访实录编辑室．习近平在正定［M］. 北京：中央党校出版社，2019.

[13] 中央党校采访实录编辑室．习近平在福州［M］. 北京：中央党校出版社，2020.

[14] 习近平．论党的宣传思想工作［M］. 北京：中央文献出版社，2020.

[15] 尚传斌．新时代领导干部必备的七种能力［M］. 北京：中共党史出版社，2021.

[16] 裴泽庆．新时代党的政治建设［M］. 北京：中共党史出版社，2018.

[17] 本书编写组．新时代党的政治建设十讲［M］. 北京：红旗出版社，2019.

[18] 习近平．用权讲官德　交往有原则［J］. 求是，2004 (19).

[19] 习近平．增强推进党的政治建设的自觉性和坚定性［J］. 求是，2019 (14).

[20] 习近平．贯彻落实新时代党的组织路线，不断把党建设得更加坚强有力［J］. 求是，2020 (15).

[21] 仰义方．党员干部在大是大非面前必须保持政治定力［J］. 红旗文稿，2017 (2).

[22] 黄卫平．应对好民众利益分化和意识形态领域挑战　执政时间越长面临考验越大［N］. 人民日报，2018-03-25.

[23] 陈金龙．认识把握新时代党面临的改革开放考验［N］. 人民日报，2018-04-01.

[24] 尚传斌．从“四个第一位”看旗帜鲜明讲政治［N］. 中国纪检监察报，2018-06-21.

[25] 尚传斌．坚定理想信念　坚守精神追求［N］. 中国纪检监察报，2018-08-23.

[26] 江金权．中国共产党的领导是历史和人民作出的正确选择［N］. 人民日报，2020-08-20.

[27] 何毅亭．谈谈我国新发展阶段［N］. 学习时报，2021-01-04.

[28] 易一平．领导干部要提高政治判断力领悟力执行力［N］. 学习时报，2021-01-08.

后记

2021年是我们党成立100周年，是实施“十四五”规划、开启全面建设社会主义现代化国家新征程的第一年。当前和今后一个时期，我国发展仍然处于重要战略机遇期，但面对的机遇和挑战都有新的发展变化。我们党要团结带领全国各族人民如期实现“十四五”规划和二〇三五年远景目标，最重要的就是坚持正确政治方向，始终保持我们党的政治本色，始终沿着中国特色社会主义道路前进。

本书由韩庆祥教授担任编委会主任并作序，由全国五家省级党校（行政学院）骨干教师共同参与完成，具体分工如下：序言由第十三届全国政协委员，中共中央党校（国家行政学院）专家工作室领衔专家、一级教授、博士生导师韩庆祥执笔；上下篇概述、第一章由中共广西区委党校（广西行政学院）党史党建教研部副教授尚传斌执笔；第二章由中共内蒙古区委党校（内蒙古行政学院）政治学教研部副教授赵俊华执笔；第三章由铁道党校基本理论教研部副主任、副教授苏志加执笔；第四章由中共云南省委党校（云南行政学院）党建教研部主任、教授鲁彩荣执笔；第五章由中共广西区委党校（广西行政学院）马克思主义学院副教授尹红英执笔；第六章由中共甘肃省委党校（甘肃行政学院）党史教研部主任、教授王锐执笔。本书由尚传斌担任主编，负责全书框架结构和章节设计，鲁彩荣、王锐担任副主编，协助主编统稿。

在本书的编写过程中，得到了全国党校（行政学院）系统众多专家学者的关心、支持和帮助。非常感谢原国家行政学院副院长周文彰教授的大力指导和帮助，以及中共中央党校（国家行政学院）党建教研部刘炳香教授、中共中央党校（国家行政学院）马克思主义学院李海青教授、中共北京市委党校（北京行政学院）校委委员刘红雷同志、中共济南市委党校（济南行政学院）副校（院）长扈书乘同志、中共青岛市委党校（青岛行政学院）校委委员刘小利教授等众多专家学者的帮助和支持。

在写作中我们参考了国内外一些专家学者的研究成果，编写时尽最大努力作了标注，但受制于精力和能力，难免会有疏漏之处，敬请相关专家学者见谅，在此深表谢意。国家行政管理出版社对本书的出版高度重视并给予了大力支持，在此表示感谢。由于编者水平有限，书中难免有不妥之处，敬请广大读者批评指正。

尚传斌

2021年3月